L'ÉDITEUR ET SON DOUBLE

DU MÊME AUTEUR

ROMANS

LE NOM DE L'ARBRE, Grasset, 1973 ; Passé-Présent, 1987.
LA MER TRAVERSÉE, Grasset, 1979. *Prix Méridien.*
DES ARBRES DANS LA TÊTE, Grasset, 1982. *Grand Prix du Roman de la Société des Gens de Lettres.*
ÉLÉONORE A DRESDE, Actes Sud, 1983 ; Babel, 1989. *Prix Valery Larbaud, Prix Franz Hellens.*
LES ROIS BORGNES, Grasset, 1985 ; J'ai Lu, 1990. *Couronné par l'Académie française.*
LES RUINES DE ROME, Grasset, 1989.

RÉCITS

L'ÉTRANGE GUERRE DES FOURMIS, L'Ecole des Loisirs, 1975.
UN RÉSIDENT TRÈS SECONDAIRE, Actes Sud, 1978. *H.C.*
LE RHÔNE, Actes Sud, 1980.
LE NORD, Epigones, 1984.

ESSAIS

LES VOIES DE L'ÉCRITURE, Mercure de France, 1969.
L'ALGÉRIE TELLE QUE JE L'AI VUE EN 1970, Arthaud, 1970.
L'ALGÉRIE, Arthaud *(Les Beaux Pays)*, 1972.
LECTURE D'ALBERT COHEN, Actes Sud, 1981, nouvelle édition 1986.
LE LIVRE FRANC, avec Jacques Chancel, Actes Sud, 1983.
L'INSTANT ET LE REGARD, La Tuilerie, 1984.
L'ÉDITEUR ET SON DOUBLE (Carnets - 1), Actes Sud, 1988.

POÈMES

PRÉHISTOIRE DES ESTUAIRES, André De Rache, 1967.
LA MÉMOIRE SOUS LES MOTS, Grasset, 1973.
STÈLES POUR SOIXANTE-TREIZE PETITES MÈRES, Saint-Germain-des-Prés, 1977.
DE L'ALTÉRITÉ DES CIMES EN TEMPS DE CRISE, L'Aire, 1982.

Illustration de couverture :
John James Audubon
La Mouette de Bonaparte (détail)

© ACTES SUD, 1990
ISBN 2-86869-523-X

Hubert Nyssen

L'EDITEUR
ET
SON DOUBLE

CARNETS - 2

ACTES SUD
HUBERT NYSSEN EDITEUR

A Nina

AVANT-PROPOS

Ces pages, je les ai choisies dans mes carnets pour donner une suite au premier volume de l'Editeur et son double *où je tentais, par l'anecdote saisie au vol, par la réflexion notée dans l'instant, par le croquis sur le vif, d'apporter réponse aux questions que souvent l'on se pose sur les coulisses de l'édition, et d'illustrer le cours qu'à l'université je consacre au* paratexte *(ce qui d'un texte fait un livre).*

Mais la nécessité de ce nouveau volume ne me serait sans doute pas apparue si la consécration soudaine de Nina Berberova ne m'avait rappelé que les tribulations d'un éditeur ne prennent de sens que par les découvertes qui les éclairent.

Si donc j'assemble et dédie à ma très chère Pétersbourgeoise ces nouvelles pages, c'est aussi pour ne rien dissimuler des joies qu'elle nous a données et, dans un contexte dont elle n'a pas toujours été témoin, lui en offrir la relation. Elle saura ainsi, et le lecteur avec elle, ce qui fait parfois courir un éditeur.

Arles, le 1er janvier 1988 – Au premier office de cette année (et jamais le mot ne fut mieux employé), un roman de Nina Berberova, *Astachev à Paris*. En quelques phrases le héros est campé. On le voit sortir de chez sa mère, une immigrée sans le sou, pour courir chez l'autre femme de son père, une opulente dont le salon lui offre l'occasion de rencontres mondaines. Et c'est là que vient à Astachev l'idée de proposer aux personnages de ce monde clos une assurance sur la vie – ou plutôt contre la mort. Mais pendant ce temps-là, Genia, une petite caissière de cinéma dont l'aigrefin a su vaincre la résistance, cherche la délivrance par le suicide...

Les deux premiers romans de Nina Berberova – *L'Accompagnatrice, Le Laquais et la putain* – figurent en tête des meilleures ventes. Qu'en sera-t-il de celui-là qui est à coup sûr le plus impitoyable ? Comprendra-t-on enfin la nécessité de consacrer, sans faux repentirs, un écrivain de quatre-vingt-six ans, tenu dans l'ombre pendant près d'un demi-siècle, seul survivant capable de venger un peu par son talent la génération perdue de la première émigration ?

Arles, le 17 janvier – Relu, crayon à la main, la belle traduction que Guy Seniak a faite du roman d'Anton Shammas, découvert au printemps de 1986 en Israël, *Arabesques*. Cette chronique de plusieurs générations de Palestiniens catholiques confrontés à leurs dominateurs successifs, relatée par l'un des leurs qui vit aujourd'hui à Jérusalem et a choisi de dire en hébreu, sans vindicte, sans complaisance, ce que devinrent dans la quotidienne réalité leurs traditions, leur imaginaire, les conditions de leur existence, se présente comme l'un de ces romans qui marquent leur temps, roman tour à tour lumineux et obscur, difficile mais passionnant, sans cesse infléchi par les mises et remises en abyme de la mémoire. Mais c'est aussi un document d'une importance indéniable au moment où Israël court le risque d'être entraîné dans une spirale de type sud-africain.

Paris, le 25 janvier – Rendez-vous au Conseil constitutionnel, avec Robert Badinter qui s'inquiète de la dégradation culturelle, et avoue n'avoir pas grand espoir que le courant s'inverse. Je le soupçonne de provoquer pour mieux plaider. Je vois en tout cas qu'il n'est pas insensible quand je lui dis que l'on confond trop souvent la prétendue diminution du nombre des lecteurs avec celle de ces faux lecteurs, amateurs de tout et connaisseurs de peu que nous valent en masse et pour un temps des promotions commerciales et des prestations médiatiques savamment orchestrées. Ils achètent des livres, ces faux lecteurs, les exhibent, lisent rarement, puis répondent à d'autres sollicitations. Leur désertion peut-elle alors être considérée comme un signe d'anémie du lectorat ?

A propos de la sortie prochaine de son *Condorcet* Robert Badinter me cite l'admirable épigraphe que chaque éditeur devrait porter sur son catalogue : "Toute société qui n'est pas éclairée par des philosophes est trompée par des charlatans..."

Arles, le 3 février – Exceptionnel : les amandiers sont en fleur depuis hier. Et moi, dans ma rage de forcer l'attention des critiques sur nos livres du fonds autant que sur ceux de ce mois – en particulier *l'Arbre de vie* où mon ami, l'Américain Hugh Nissenson, transpose ses obsessions judaïques dans l'univers des Indiens et des pionniers de l'Ouest –, j'ai dicté à ma secrétaire près de trente lettres véhémentes. Je n'avais pas calculé, je ne la croyais pas, il m'a fallu voir le signataire...

Puis, me suis rendu compte qu'en écrivant ces lettres je révélais ma prédilection pour des écrivains qui, même au cœur des ténèbres, nous associent à une ineffable jouissance, celle de l'écriture. Grâce à quoi, nous retrouvant dans les situations qu'ils décrivent, nous reconnaissant un tant soit peu dans les héros qu'ils inventent, nous retournons au pur plaisir du *vice impuni* que nous autres, éditeurs, ne désespérons jamais de faire partager aux lecteurs.

Marseille, le 5 février – Dîner de cinquante couverts dans les salons de la préfecture. On m'a demandé à brûle-pourpoint quel était le plus grand roman paru en 1987. Sans hésiter j'ai dit *L'Oratorio de Noël* de Göran Tunström. Et comment l'avais-je découvert ? J'ai raconté l'enthousiasme d'une Suédoise dans l'avion qui m'emmenait à Stockholm. Avec fièvre, elle m'avait traduit quelques pages à livre ouvert, celles, irrésistibles, où de terrifiants silences remplacent la voix de Solveig qui vient de mourir d'un accident stupide.

Paris, le 10 février – Pierre Furlan m'a remis le manuscrit de son premier roman, *L'Invasion des nuages pâles*. Si cet excellent traducteur de Paul Auster consent à écarter certaines pages trop démonstratives quant au rôle de l'écrivain dans son propre livre – pages si fréquentes dans le domaine français où elles donnent au *paraître* la priorité sur le *raconter* –, nous avons quelque chance de l'imposer.

Au Paradou, le 17 février – Suis sur le point d'achever mon roman, *les Ruines de Rome*. Aux auteurs que j'édite, comment faire comprendre que je suis aussi désarmé qu'eux, et qu'il ne faudrait jamais prendre l'un de mes livres pour un modèle que je chercherais à proposer ? Si, au moment de publier mon premier roman, *Le Nom de l'arbre*, j'avais su que je deviendrais éditeur, j'aurais à coup sûr choisi un pseudonyme.

Arles, le 27 février – Je venais de relire, tôt ce matin, la traduction d'un petit ouvrage magique, *Le Chant de l'être et du paraître,* de Cees Nooteboom (publication en avril), je me disais que tout écrivain devrait avoir à son chevet cette réflexion sur le sens de la fiction, afin de s'interroger avec l'auteur sur la question de savoir qui a raison : celui qui, ayant la faveur du public et ne se souciant pas de métaphysique littéraire, se contente de raconter, ou l'autre – et c'est Nooteboom lui-même qu'on reconnaît là – qui entretient avec ses personnages des relations vertigineuses. Je commençais à rédiger la "quatrième de couverture" quand le téléphone a sonné. Qui pouvait bien appeler de si bonne heure ? C'était Cees lui-même, d'Amsterdam. "Ah, cette coïncidence !" ai-je fait. Il m'a répondu : "Je me suis réveillé fatigué ce matin parce que dans la nuit je me suis trouvé en plusieurs endroits du monde. Et je vérifie par des coups de téléphone si j'y étais réellement." A l'inverse de ceux qui écrivent ce qu'ils viennent de vivre, Cees donne l'impression de chercher à vivre ce qu'il vient d'écrire.

Au Paradou, le 28 février – A six heures, ce soir, terminé *les Ruines de Rome*. Trois cent mille signes. Les Américains comptent en mots, les Français en pages, les éditeurs en signes. Mais combien en restera-t-il dans la version suivante ?

Paris, le 1er mars – *Sur la lecture,* l'essai de Proust que nous publions ce mois, n'est ni un texte méconnu ni un introuvable. C'est la préface qu'il écrivit en 1905 pour sa traduction de *Sésame et les Lys* de John Ruskin. Mais ces pages, qui me paraissent une sorte de revanche contre l'ennui que sécrète parfois le texte de Ruskin, dépassent de si loin celui-ci, elles proposent un si bel éloge de la lecture et préparent avec tant de bonheur à *La Recherche,* que j'ai décidé de suivre le conseil d'Anne Walter qui me suggérait de les éditer séparément. Pour que justice soit rendue à l'auteur des *Relations d'incertitude,* je lui ai discrètement dédié cette petite édition.

Rouen, le 5 mars – Cette ville dont on me montre le centre ancien et rénové, n'est-ce pas la ville de Jeanne d'Arc, et celle d'Emma Bovary ? Quel binôme plus ahurissant, moins oubliable ! Leurs visages, l'un et l'autre inventés, ne me quittent pas de toute la visite.

On célèbre à Rouen le cinéma nordique. La Fnac m'avait invité à débattre avec Bo Widerberg qui a adapté *le Chemin du serpent* de Torgny Lindgren, Reidar Jönsson qui a été mêlé de près à la composition du film tiré de sa *Vie de chien*, Marc de Gouvenain qui dirige notre domaine scandinave, et Jacques Siclier qui, si souvent, par ses chroniques du *Monde*, a guidé mes choix de spectateur.

Bo Widerberg – un dieu quand on a vu *Adalen 31* ou *Elvira Madigan* – ne ressemble pas aux films qui ont fait pour moi sa légende, le créateur est à Rouen chaussé de godillots. Jacques Siclier ne ressemble pas non plus à ses écrits, et il avance des arguments avec tant de prudence que je me demande si ce domaine nordique lui est familier. Quant à ce cher Jönsson, il n'aime rien qu'il n'ait fait. Le débat tourne court.

La version cinématographique du *Chemin du serpent*, je comprends maintenant que Torgny Lindgren ne l'apprécie pas. C'est une autre œuvre que la sienne, presque un autre monde. Moi aussi, ce film me dérange, me gêne, et pourtant j'aime sa gravité, sa composition musicale, son ressassement perpétuel. Après la projection, le héros diabolique monte sur la scène. Le méchant, le vilain Karl Orsa, est un jeune homme d'une irrésistible beauté. Il ne faudrait jamais exhiber les acteurs.

En train vers Bruxelles, le 6 mars – Lecture du roman de Iossif Guerassimov – *On frappe à la porte* – qu'Elena Joly a rapporté de Moscou et traduit. Ce récit tranquille de la nuit de 1949 où furent en masse déportés les Moldaves est à la fois superbe et terrifiant. Ecrit en 1960, il n'a été publié en URSS qu'en 1987, à la faveur de la perestroïka. A mettre sous presse sans retard.

Bruxelles, le 8 mars – J'avais demandé à Guy Lesire, comédien et médecin avec qui, en cette même ville, j'ai monté jadis *le Journal d'un fou*, de m'accompagner aux Midis de la Poésie (où je devais parler des poètes que je publie) afin d'y lire des textes que je commenterais. Nous y avons eu quelque succès.

La règle de ces Midis veut aussi que le conférencier commence par tirer au sort deux questions parmi les quelque vingt-huit imaginées par Proust, et qu'il y réponde. Pour quelles fautes avais-je donc le plus d'indulgence ? Celles des femmes que j'aime, ai-je dit. Et comment aimerais-je mourir ? Pardi... au milieu d'une phrase !

Toulouse, le 16 mars – Pendant trois heures, devant des spécialistes du Siècle d'or, nous parlons du *Journal de la duchesse*, Robin Chapman, l'auteur, Christine, sa traductrice, et moi, l'éditeur. Mais c'est elle, Christine, qui captive les universitaires par le subtil compte rendu qu'elle fait de ses intuitions et de ses impulsions de traductrice devant les phrases mimétiques de Robin Chapman.

Arles, le 4 avril – Sept heures encore aujourd'hui, porte close et téléphone décroché, pour en finir avec la mise au point de la

traduction du *Roseau révolté* de Nina Berberova. Nous sommes convenus depuis le début, elle et moi, que je serais vigilant là-dessus.

Je ne sais pas le russe mais à force de la
fréquenter, de la lire et de l'entendre, de la
questionner aussi, je comprends où Nina
veut en venir. De toute manière, elle relit de
la première version à la dernière épreuve, et
quand elle est satisfaite me dit : "Cette fois,
j'entends ma voix." Si elle ne l'est pas, elle
m'explique pourquoi.

Il lui est arrivé de me dire des choses
étranges, et par exemple que la langue russe
est si crispée que les bons auteurs comprennent la nécessité de freiner le rythme de
l'écriture. Aussi, m'a assuré Nina, avant les
rencontres entre les personnages, au seuil
des morceaux de bravoure, ils s'arrangent
pour que l'héroïne qui va paraître se re-
poudre, pour que le héros serre sa cravate...
"C'est si peu nécessaire en français, me dit-
elle, que ces traits-là, mon cher, vous devriez
les supprimer dans la traduction." Revenu de
ma surprise, je fais observer à Nina qu'on
perdrait alors quelques-uns des repères qui
rappellent au lecteur français que c'est un
roman russe qu'il est en train de lire. Elle rit à
l'autre bout de la ligne, je regarde l'heure, et
réalise soudain qu'elle m'a appelé en pleine
nuit américaine. Est-elle déjà levée, ou pas
encore couchée ? "Ni l'un ni l'autre, dit-elle,
énigmatique, j'ai mes papiers autour de moi
et des oreillers dans le dos..." Je revois alors
la chambre dans la petite *datcha*, à proximité

de l'université, et je pense à cette solitude à laquelle, dans sa vie, Nina a toujours refusé l'hégémonie.

Le Roseau révolté, qui s'appelait d'abord "Le Roseau pensant", est décidément l'un des plus vertigineux récits de Nina, et je ne comprendrais pas qu'un cinéaste de talent ne s'emparât pas de cette histoire construite comme un scénario. Dès la première page, alors qu'Einar part pour Stockholm parce que la guerre est imminente, on est pris de cette manière qui ne laisse aucun doute sur l'ampleur et la gravité de ce qui va suivre, on part aux trousses des personnages pour vivre avec eux les événements qui déjà les menacent.

Avec ses "petits" romans, Nina entre dans l'ordre de la tragédie, elle fait sonner la corde de l'inéluctable et si dans le destin de ses personnages les blessures sont profondes, c'est parce que, toujours, *il s'en est fallu de si peu*, parce que, en amour comme dans l'Histoire, le bonheur n'a tenu qu'à un fil soudain rompu.

Paris, le 11 avril – En m'invitant ce soir à *Strophes* pour fêter les dix ans d'Actes Sud par un dialogue télévisé d'une vingtaine de minutes, Bernard Pivot ne savait pas que c'était aussi *mon* anniversaire.

C'est lui qui avait choisi, pour les montrer à l'écran, les livres à ses yeux les plus représentatifs de notre aventure. Quand on est arrivé à ceux de Berberova, le ton et le rythme ont monté. Mais pourquoi, diable, n'a-t-elle pas encore été invitée sur le plateau d'*Apostrophes*, cette femme dont le talent se situe à tant de coudées au-dessus d'autres qui, eux...

Paris, le 12 avril – Invité avec David Shahar et Itzhak Orpaz au Centre Rashi, Anton Shammas n'en menait pas large et s'est bien gardé d'outrepasser les problèmes littéraires. Les autres s'aventuraient, se réclamaient de leurs origines, de leur culture et de leurs convictions dans des termes qui avaient parfois forme de piège. "Je suis sioniste, hébreu et palestinien", disait l'un d'eux. "Et juif, demandait aussitôt un autre, vous ne l'êtes pas ?"

Paris, le 15 avril – Le Salon du Livre se tient cette année à la Porte de Versailles. Au micro de Radio Monte-Carlo j'ai dit qu'on nous avait dérobé une belle librairie que les Parisiens aimaient fréquenter une fois l'an : le Grand Palais. Et en arrivant au Palais des Expositions, après une heure en taxi dans les embouteillages, j'ai eu, en effet, la triste confirmation qu'on nous avait mis du côté de l'alimentation et de l'agriculture. Mais tout a basculé dans la soirée quand, pour l'inauguration, la foule a envahi les lieux comme un raz-de-marée, puis le lendemain, avec une élévation spectaculaire des ventes par rapport à 1987.

Pierre Angoulvent, président du directoire des Presses Universitaires de France, a organisé une réception pour marquer le dixième anniversaire de notre naissance et le septième de notre collaboration. Et pour *la Gazette d'Actes Sud* il a écrit un éditorial où je relis avec une secrète jubilation cette phrase : "Actes Sud est une réussite vue d'en France qui provoque, non la colère des dieux puisque les dieux sont morts, mais la sympathie ou l'étonnement de ceux dont la profession de foi est de n'avoir plus foi dans leur profession."

Au cours de la réception, j'avise l'une de nos conseillères, ce soir-là très élégante. "Quel joli manteau !" lui dis-je. "Ce n'est pas un manteau, répond-elle, c'est une robe." Elle l'entrouvre... En effet ! François Léotard, qui a succédé à Jack Lang, s'attarde sur notre stand. "Ah, la jolie robe qu'ont vos livres !" s'exclame-t-il. Faut-il les entrouvrir pour lui montrer ce qui est dessous ?

Paris, le 16 avril – Un homme de radio m'a donné rendez-vous aux jardins du Luxembourg et me demande quels sont les souvenirs les plus vifs laissés par dix années d'édition. Il y a des jours où la fatigue prend les formes de l'ivresse. Et puis, ce matin, le soleil donne des frissons de fille aux jeunes feuillages des marronniers. J'ai plané en parlant pendant une heure des trois manuscrits dont l'arrivée me reste si présente : *Pierre, pour mémoire* d'Anne-Marie Roy en 1980, *Le Regard de la mémoire* de Jean Hugo en 1983, et *L'Accompagnatrice* de Nina Berberova en 1984. Ces trois-là, je ne les attendais vraiment pas, ils sont tombés comme des météores, et déjà leur publication, tant ils me comblent, suffirait pour justifier la décision, prise en 1978, de fonder Actes Sud.

Paris, le 18 avril – Au musée des Arts décoratifs où il était reçu par son comité de soutien, François Mitterrand, après un discours où nous reconnaissons, nous, gens du livre, que c'est lui, *le* président, serre les mains, s'arrête devant moi. "Vous êtes donc venu d'Arles pour ça ?" me demande-t-il, la lippe et l'œil gourmands. Je lui rappelle que c'est le temps du Salon du Livre, c'est pour cela que je suis à Paris. Alors, l'œil rusé : "Dois-je y aller ?" Et moi, avec un culot imprudent : "Après les *autres* ? Non, je ne crois pas, c'est la fin et..." "Eh bien alors, nous n'irons pas." Avec un geste souverain de la main il disparaît, englouti par ceux qui le protègent et ceux qui voudraient un peu de la manne élyséenne.

Même jour, débat public sur le livre à France Culture. On me laisse entendre que si je suis invité à la même table que les "grands" noms de l'édition française, c'est pour donner reconnaissance aux dix années d'*efforts* d'Actes Sud. Le mérite, toujours le mérite... Et si nous parlions un peu de nos livres, messieurs, et de nos lectures ? Mais vingt minutes après l'ouverture des micros, *ils* en sont toujours à parler finances, regroupements, médias. Soudain Pierre Nora fait observer que Gallimard et Actes Sud, dans cette perspective, sont de "petits" éditeurs naïvement préoccupés de littérature.

Cette naïveté, je la revendique. Aux maniaques du "grand marché" de quatre-vingt-douze je dis que l'universalisme de la pensée n'a pas attendu "leur" échéance, je dis que leur crise n'est pas la nôtre, et que s'il nous arrive d'avoir de l'anxiété, c'est quand les libertés sont menacées, ou quand l'obsession spéculative détourne et gave des esprits mal préparés. Mais à quoi bon ? Il y a des jours où j'ai le sentiment que les éditeurs ne font pas tous le même métier et ne parlent pas la même langue.

Vienne, le 27 avril – Que les villes vivent et se transforment en notre absence, c'est une évidence à laquelle je ne me ferai jamais. Vienne redécouverte après vingt-cinq ans ne ressemble pas à celle que je gardais en mémoire. Pour me rassurer, il a fallu l'affectueuse diligence de M.-P. qui m'a proposé des itinéraires inspirés par Doderer, par Musil et un peu par Freud. "Je me demande, lui ai-je dit au soir du premier jour, si la psychanalyse n'a pas été inventée par un pervers curieux de savoir ce qui se passait derrière les tentures de velours et les rideaux de fer de cette ville..."

Le lendemain matin, assez tôt, je suis allé, seul, Berggasse 19, pour présenter mes devoirs au docteur Freud. J'ai été reçu par un petit vieillard dont la tête d'analyste s'ornait d'une barbiche et de besicles. Il m'a demandé la dîme pour visiter les lieux. Au moment où je lui tendais un billet de cinquante schillings, je me suis aperçu que celui-ci était à l'effigie de... Freud. Le vieil homme devait connaître l'existence de ce billet et n'aurait pas dû s'en étonner. Mais un instant nous nous sommes immobilisés, tenant chacun un bout de la coupure, comme si, à mon exemple, il découvrait l'étrange symbolique.

Au musée des Beaux-Arts, M.-P. m'a conduit devant *Lot et ses filles* d'Altdorfer, un tableau qui est à ses yeux une célébration de l'inceste. Elle m'a confié qu'elle l'avait aussi montré à Claude Simon qui en est devenu muet. A l'instant j'ai compris : les traits de Lot sont ceux de l'écrivain...

Au Belvédère, en volant comme un insecte enivré par les couleurs et la lumière de Kokoschka, Klimt et Schiele, puis parmi les "narratifs" du XIXe siècle, plus tard encore à la Maison de la Sécession, dite *le Chou-fleur*, et à l'exposition Bidermayer, impression de butiner d'innombrables couvertures pour les livres d'Actes Sud.

C'est une "carte blanche" donnée par Michel Guérin à Jean-Pierre Miquel – dont nous venons d'éditer *Sur la tragédie* – qui a justifié ce voyage. Sous sa direction, les élèves du Conservatoire ont joué deux Marivaux sur la scène de l'Institut français : *Les Sincères* et

L'Epreuve. Suis sorti étourdi par la perfection, la modernité et l'infinie cruauté de *L'Epreuve* que je ne connaissais pas. Quand le rideau tombe, tout recommence par l'imagination qui a pris goût à la perversité.

Et puis il y eut un débat sur la crise du théâtre qui aurait été assez terne sans la présence de Georges Tabori, vieux routard qui a roulé sa bosse dans l'Europe profonde et aux Amériques. "La crise ? fait-il. C'est d'avoir à se demander ce qu'on peut encore écrire après Brecht et Beckett. C'est aussi de ne plus savoir quel ennemi l'on a. La crise, ajoute-t-il en martelant ses mots, c'est la vague conservatrice qui déferle sur l'Europe." Il s'est levé avant la fin d'un débat qui traînait. "Pardonnez-moi, la fatigue est désormais ma maîtresse."

Au Paradou, le 8 mai – Au moment où François Mitterrand est réélu à une large majorité, je tombe, dans des numéros récents du *Monde diplomatique* et de l'*International Herald Tribune*, sur la même photo qui représente un défilé d'éphèbes, crâne rasé, chemise blanche, pantalons noirs, godillots ferrés. Non, ce n'est pas dans le Berlin de Christopher Isherwood, mais à Paris, il y a quelques jours, devant le Louvre, lors du défilé des jeunes lepénistes.

Paris, le 16 mai – Invité par Michel Deville, avec Raymond Jean, j'ai assisté à la toute première projection de *la Lectrice*. Superbe écriture, acteurs si justes dans le geste et le ton, couleurs si riches, musique si parfaite, Arles si joliment transfigurée par l'imagerie... oui, mais Miou-Miou à qui il me faut dire d'abord quelle incomparable lectrice elle est chaque fois que dans le film elle ouvre un livre.

Lyon, le 25 mai – Jamais, et surtout dans une telle fournaise, avec tant de fatigue, je n'avais eu à ce point l'impression de me transformer en commis voyageur d'Actes Sud. Au *Figaro*, à *Libération*, chez les conventuels de Radio Fourvière, et enfin à la librairie Flammarion, par quatre fois, avec ornements et variations, répondant aux questions, j'ai raconté ces dix années dont la chronique risque, un jour prochain, de me sortir par le nez, les oreilles et les yeux. Mais, comme chaque fois, la foi des lecteurs me recharge les batteries.

Berlin-Est, le 31 mai – La plus impitoyable sanction que la guerre ait value à certains qui l'avaient provoquée, c'est, il me semble, ici à Berlin-Est qu'elle est visible : enfermement et ennui dans une cité deux fois détruite, par les combats d'abord, par l'idéologie triomphante ensuite. L'*Alexanderplatz* en est le symbole le plus criant avec ses chicots anciens et ses bulles modernes. Les maisons eczémateuses, les quartiers ruineux, la carcasse d'un musée, la façade de la synagogue incendiée pendant la *Nuit de cristal* de novembre 1938 m'ont fait, hier, détester en quelques heures cette ville qui s'affiche dans le malheur et l'arrogance.

Ce matin, le soleil donnait un peu de vie à la cité concentrationnaire où l'on attend quatorze ans pour avoir une voiture (un misérable clou à deux temps), à peu près autant pour une ligne de téléphone, et toute la vie (mais en vain) l'autorisation de se tirer. Je devine pourtant, me baladant *Unter den Linden* (devenue la *Karl-Marx Allee*) que cette haïssable Berlin dut être belle ville au temps où s'alliait ici ce qui tant manque aujourd'hui, la grâce et la nécessité. N'ai trouvé de paix que dans les cimetières, en cherchant le long du Mur ripoliné (mais couvert de graffiti côté ouest) la tombe de Theodor Fontane, puis celles de Friedrich Hegel, de Thomas Mann et quelques autres.

Tout au long de la conférence que Dominique Paillarse m'avait invité à faire à l'Institut français, devant une centaine de Berlinois, mes élans ont été cassés par la méticuleuse traduction d'une interprète qui m'empêchait de lier ensemble plus de trois phrases. Toutefois j'ai été délivré de ce rythme exaspérant au moment des questions qui sont venues nombreuses. Il est vrai qu'en leur parlant de Nina Berberova, en évoquant son probable et prochain voyage en URSS à la faveur de la perestroïka, et en leur commentant quelques pages du livre d'Elena Joly, *La Troisième Mort de Staline*, je les avais incités à une sorte de dissidence verbale où ils ne paraissaient plus retenus ni gênés par grand-chose – ce qui semblerait indiquer que là aussi, un jour prochain...

Arles, le 14 juin – "Vous savez, me dit Nina en m'appelant de Princeton, cette petite phrase que vous avez inscrite dans la publicité du *Monde* pour lancer mes livres – «une romancière que l'URSS pourrait enfin découvrir»... eh bien, elle a eu de l'effet jusqu'à Moscou où elle a piqué certains. On vient de me téléphoner de là-bas pour me promettre la publication prochaine de *Kursiv Moï (C'est moi qui souligne)*..."

Je venais d'écrire pour notre *Gazette* : "C'est aussi à ses livres qu'on reconnaît un régime en train de remettre en question son totalitarisme idéologique. Ce qui se passe là-bas, et que pour nous l'œuvre de Berberova éclaire par le fond, c'est peut-être l'événement capital de cette fin de siècle."

Paris, le 28 juin – Projection privée du *Médecin des Lumières* de René Allio et Jean Jourdheuil. Une fresque somptueuse sur la vie d'un médecin de campagne dans le Bourbonnais, à la veille de la Révolution. Chaque image paraît surgir du livre que nous publions. C'est de l'excellent Allio, un qui sait dans la dramaturgie de l'Histoire s'attarder aux gestes secrets, aux regards furtifs, à ces grains de peau qui en disent tant...

Paris, le 29 juin – Soirée Frédéric Mitterrand dans l'hôtel du Crédit foncier pour le lancement de son livre : *Tous désirs confondus*. J'ai raconté aux deux cents invités quel coup de cœur j'avais eu en Arles pour ce texte lors de la projection du film qu'il accompagnait, en particulier pour deux phrases que, de longtemps, je n'oublierai. La première : "Qui donc aurait pu arrêter James Dean, dans sa course folle vers la mort ? Moi peut-être, si je l'avais connu." Puis celle-ci : "Comment s'expliquer que les pauvres soient de plus en plus loin, et la pauvreté de plus en plus proche ?" Ce sont là des phrases d'écrivain.

Arles, le 7 juillet – Les Rencontres de la Photographie ont donné l'hospitalité, dans le Théâtre antique, à Christian Lacroix qui avait organisé hier un défilé fellinien d'une théâtralité parfaite. Mais dans cette représentation, la femme n'est plus que le mécanisme qui fait avancer, tourner, danser des chenilles d'étoffe, des scarabées de satin, des papillons de papier poudré. Dans *l'Homme sans qualités*, Musil dit que les deux moitiés de la vie sont la métaphore et la vérité. Les mannequins de Lacroix dissimulaient la vérité sous la métaphore.

Pour les livres aussi, il arrive que l'habillage et le dressage métaphorique dissimulent l'essentiel ou le subvertissent. Se méfier, pensais-je...

Au Paradou, le 9 juillet – Les passagers se succèdent. Nous ne sommes jamais moins de onze à table sous le platane. Paul Auster, qui a pris ses quartiers dans la bergerie, se joint souvent à nous avec Siri, sa blonde épouse, et la petite Sophie qui, si adulte déjà par le regard et les gestes, séduit tout le monde.

Le matin, quand je pars pour les éditions, je vois Paul, installé derrière la baie vitrée, qui profite de la fraîcheur pour écrire quelques pages d'un nouveau roman : *The Music of Chance*. L'autre jour, je cherchais un livre dans la salle où il travaille. Il avait laissé sur la table ses cahiers ouverts. Sur l'un, j'ai vu le plan du livre, une collection de notes, comme pour un scénario. Et sur l'autre, le texte du roman qui vient ligne à ligne, dans une écriture pointue, serrée, aussi minuscule que celle des notes. Mais je n'ai ni osé ni voulu lire.

Hier soir nous avions autour de la table Paul Auster, Anne Walter, Antoine de Gaudemar, Guy Lesire, Victor Bol, Gilles du Jonchet, Elena Joly, les compagnons des uns, les épouses des autres, les enfants. Gilles et Elena revenaient d'URSS. On n'a parlé que de ça. Gorbatchev et Berberova étaient aussi présents que s'ils s'étaient trouvés parmi nous. Le dix-neuvième volume des *Hommes de bonne volonté* de Jules Romains, je m'en souviens, était intitulé : *Cette grande lueur à l'Est*. La voilà qui revient, qui remonte, cette lueur, avec un sens infiniment nouveau. Toute la question est de savoir – et la conversation a roulé là-dessus – si on est en train de se laisser avoir une fois encore.

Au Paradou, le 11 juillet – On célébrait hier en Arles le dixième anniversaire de nos éditions. Carl Lidbom, ambassadeur de Suède, était descendu pour me remettre les insignes de l'Etoile Polaire, un ordre royal suédois dont l'appellation m'enchante. A ses paroles de reconnaissance pour la part qui est celle de la littérature scandinave dans notre catalogue, se sont jointes celles du maire, le docteur Camoin, que désormais plus rien de ce qui touche au livre ne laisse indifférent et qui jamais ne manque de rappeler qu'il nous doit d'avoir compris la nécessité de cette seconde vocation pour sa ville, la nôtre.

Bertrand Py et toute l'équipe s'étaient arrangés pour que sorte de presse au même moment le premier volume de *l'Editeur et son double*. Christine en avait orné la couverture d'un détail du tableau de Magritte : *Les Mystères de l'horizon*.

Pour composer ce livre, je ne me suis pas seulement servi de telles pages de mes carnets que je peux rendre publiques sans verser dans l'indiscrétion, j'ai aussi emprunté quelques réflexions à la thèse soutenue à Aix sous le même intitulé. Et, à la vérité, autant sinon plus qu'aux curieux des choses de l'édition, c'est aux étudiants que j'ai pensé en établissant le texte de ce livre.

Au Paradou, le 16 juillet – Dans les heures silencieuses de la sieste, j'ai relu, dévoré à vrai dire, et cette fois dans la traduction que Pierre Furlan vient d'en faire avec son talent habituel, le troisième volume de *la Trilogie new-yorkaise* de Paul Auster : *La Chambre dérobée*. Vers la fin du livre, Paul écrit, à propos de cette trilogie : "Il y a longtemps que je me démène pour dire adieu à quelque chose..." Et il est vrai que *la Chambre dérobée* est un somptueux roman de la dépossession. J'ai retrouvé, le relisant, la même déchirure et la même plénitude qu'à l'époque où je découvrais Robert Penn Warren avec *Un endroit où aller*, ou Max Frisch avec *Je ne suis pas Stiller*. Je suis allé vers Paul qui jouait avec la petite Sophie. J'avais un tel embarras pour dire mon bonheur qu'il a dû croire un instant que je venais lui avouer une déception. Il montre d'ailleurs tant de pudeur quand il est question de son talent...

Pendant ce temps, Christine boucle sa traduction de *l'Invention de la solitude*, le premier en date des livres d'Auster. C'est un récit ponctué de réflexions subtiles, d'une telle difficulté que plusieurs traducteurs chevronnés avaient renoncé à l'affronter. Christine s'était portée candidate parce qu'elle "sentait" ce texte qu'elle avait lu plusieurs fois. Sa traduction, que j'ai suivie d'étape en étape, n'est pas seulement bonne, mais juste, mais sensible, mais tout imprégnée de connivence. Paul l'a compris qui parfois s'assoit avec elle à la table de pierre, dans le jardin, et l'éclaire sur le sens là où elle a une hésitation.

Arles, le 27 juillet – A l'université d'été d'Aix-en-Provence où nous étions conviés, Paul et moi, pour un déjeuner-débat, dans les jardins, sous un soleil de plomb, j'ai parlé du territoire romanesque. Il y avait là une centaine d'étudiants, venus des quatre coins du monde, qui mangeaient en m'écoutant disserter sur les naturalistes, les réalistes, les néo-symbolistes... Au dessert Paul a pris le relais. Une fois encore j'ai admiré sa manière. Celui-là ne s'aventure pas facilement hors de son territoire. Son métier, c'est écrire, seulement écrire, et quand il parle, ici comme sur le plateau de Bernard Pivot, c'est pour évoquer des problèmes d'écriture qui lui sont personnels. Il fuit les comparaisons, les panoramas littéraires, les écoles, les influences. Il décrit son travail, évoque la manière dont les idées lui viennent et ne consent pas à d'autres escapades. Tout est chez lui conditionné par un programme d'écriture – j'allais dire : une vie d'écriture – qui le conduit de livre en livre dans la conviction, comme disait Beckett, qu'il n'est bon qu'à ça.

Arles, le 1er août – *Le Roseau révolté* qui paraît aujourd'hui s'inscrit dans l'intégrale que nous avons entreprise en 1985. Publiés un par un, en dépit des reproches de certains critiques qui nous accusent de travailler au compte-gouttes (ne comprennent-ils donc pas qu'il faut donner du champ à la résonance de chacun de ces récits sous peine de provoquer entre eux des télescopages et de nous assourdir ?), ces romans courts révèlent l'exceptionnel regard d'un des seuls témoins survivants de l'émigration russe, et l'envergure de l'écrivain que les événements (mais quelquefois la jalousie ou la haine) ont maintenu dans l'ombre pendant plus d'un demi-siècle.

"Je crois bien que c'est la meilleure chose que j'aie écrite", me disait récemment Nina dans une de ses lettres.

Au Paradou, le 7 août – Nous avions formé le projet, Christine, Françoise et moi, de réunir en ce dimanche, sous le platane, une demi-douzaine de libraires autour de Paul Auster. Mais Paul avait lui-même invité des sœurs de Siri, des amis et quelques-uns des membres de la compagnie Merce Cunningham qui, en ce moment, se produit en Arles. On a dressé en hâte plusieurs tables sous les arbres, suspendu des lampions et ouvert des bouteilles de champagne. Ce fut une tendre fête d'été. A tour de rôle nous parlions à Paul de ses livres, et lui, à petits pas, par petites phrases, de la danse et de l'écriture comparées.

Arles, le 10 août – Le 8, c'était l'anniversaire de Nina. Au début de l'après-midi, qui était pour elle le début de la matinée, je l'ai appelée pour la féliciter de porter ses quatre-vingt-sept ans avec tant de bonheur. Sa voix m'a paru un peu fatiguée. Fatiguée, elle l'était, mais se réjouissait de recevoir pour le déjeuner Bertrand Py qui est en ce moment à New York.

Mais hier, Bertrand m'appelait pour me dire qu'il avait trouvé Nina mal en point le 8, et qu'il venait d'apprendre que, peu après sa visite, il avait fallu transporter notre vieille amie en clinique. J'ai réussi à joindre Murl Barker, le confident, le disciple et l'ami. Et ainsi ai-je su qu'on avait enlevé d'urgence à Nina la vésicule biliaire, que l'opération avait réussi et qu'elle se portait bien. Je sais, j'ai vu mon père revivre après une telle intervention... Mais il n'avait pas encore quatre-vingt-sept ans, lui ! Fallait-il précipiter mon voyage aux Etats-Unis, qui est prévu pour octobre ? Murl ne le pensait pas. Mais je ronge mon frein.

Au Paradou, le 14 août – Enfin, Nina au bout du fil, revenue chez elle, je la tiens, l'ensevelis sous les mots, lui souhaitant bonne convalescence et longue vie... C'est comme si je la voyais : ce fatras verbal, elle s'en débarrasse d'un geste impatient. "A l'hôpital, me dit-elle, deux médecins m'ont examinée... de fond en comble... je peux dire ça, «de fond en comble» ? (J'acquiesce d'un mot.) Et savez-vous ce que ces messieurs ont trouvé ? (Je demeure suspendu entre crainte et espoir.) Ils ont trouvé (elle rit) que j'avais un corps de soixante ans !" Et maintenant son rire sature l'écouteur. Puis elle cesse soudain, ajoute : "Et ils m'ont trouvé une tête encore un peu plus jeune !"

"Le roseau révolté, c'est vous", lui dis-je un peu plus tard. Je lui parle de son roman qui part en ce moment comme une fusée malgré les lenteurs estivales. Et je lui souhaite encore, d'abondance, tout le bonheur possible. Mais à la vérité, le bonheur, c'est elle qui me le donne. Avais-je jamais espéré, dans une si brève carrière d'éditeur, une telle découverte, d'un tel auteur, d'un tel personnage, et avec un tel succès ?

Au Paradou, le 17 août – Les Chapman ont bravé la canicule pour venir déjeuner avec nous. Je ne m'y résigne pas : en lisant *le Journal de la duchesse* (si tant est qu'ils l'aient lu) la plupart des critiques n'ont donc pas senti la subtile et riche étoffe du roman de Robin. Il n'a obtenu, au sens le plus humble, qu'un succès d'estime. Mais je le maintiendrai à flot, ce livre, et j'en reparlerai à toute occasion.

Or, dans le cours de la conversation, j'apprends avec surprise que Robin est l'auteur du scénario de *Triple Echo*, un film que j'avais vu plusieurs fois de suite, dans les années soixante-dix, après que Jean-Louis Bory m'avait engagé à le découvrir toutes affaires cessantes. Je ne m'en sens que plus proche de ce grand Anglais qui ne crie ni au scandale ni à l'injustice et poursuit avec obstination son œuvre.

Au Paradou, le 21 août – Pour permettre à Bertrand Py de voir Paul Auster avant son départ, nouveau souper sous le platane, hier soir. C'est de New York, d'où revenait Bertrand, qu'on a parlé le plus. Chacun de nous confrontait ses représentations à celles de l'autre. Mais c'est la New York de la *Trilogie* qui s'est imposée comme si elle était plus vraie que la réalité. Ou simplement parce qu'elle est plus près des mots que des choses ?

Et ce soir, c'est Paul et Siri qui ont tenu à nous inviter, Christine et moi, sous les micocouliers d'Eygalières. Nous avons parlé d'abord de la fonction sociale de ces platanes, micocouliers, tilleuls et autres arbres protecteurs qui ont, à travers les âges, favorisé tant d'assemblées et de conciliabules. Et puis, soudain, parlant de Chapman et du *Journal de la duchesse*, nous avons découvert que nous avions, l'un et l'autre, dans l'enfance, juré d'entrer en écriture après avoir lu Cervantes. Les questions d'âge sont alors venues sur le tapis. Paul est né peu après la guerre. Il a dit : "Toi aussi, mais c'est après l'autre, la première, la grande." C'était nouveau pour moi, cette évidence : né plus près de la première que de la seconde...

Dans *le Temps retrouvé*, Proust écrit que si "on part de l'idée que les gens sont restés les mêmes (...) on les trouve vieux, (mais que si) l'idée dont on part est qu'ils sont vieux, on les retrouve, on ne les trouve pas si mal".

La découverte, le talent et l'amitié de Paul Auster, c'est encore un de ces grands bonheurs dans l'aventure éditoriale.

Michel Deville m'appelle pour me dire qu'en deux jours sur Paris *la Lectrice* a fait vingt-huit mille entrées. Je m'interroge sur la part du livre de Raymond Jean, celle de la mise en scène et celle de la promotion dans ce succès. On a vu un peu partout ces affiches où Miou-Miou relève sa jupe...

Arles, le 22 août – "Je vous aime, Hubert", commence par me dire Nina au téléphone. Ce qui lui donne tant d'allégresse ce soir (comme si, avec sa vésicule, toute trace de fatigue avait disparu), je finis par le comprendre : à la radio de Moscou, l'autre jour, on a parlé d'elle pendant plus de trente minutes, des correspondants soviétiques viennent de le lui apprendre.

En vol vers Helsinki, le 23 août – Dans une trouée de nuages, j'aperçois soudain l'inoubliable Lubeck des *Buddenbrook* que je découvris à l'aube, un jour d'été, en débarquant d'un ferry qui me ramenait de Suède, où je venais justement de relire le livre de Thomas Mann.

A bord de cet avion de la Finnair, service luxueux et ininterrompu, comme s'il importait en même temps d'enivrer les passagers et de les fortifier. Mais un goût amer s'y mêle car *le Monde*, d'une dépêche laconique, annonce la disparition de Jean-Paul Aron. C'est parfois bête comme une panne de courant, la nouvelle de la mort d'un intellectuel.

Helsinki, le 24 août – Comment font-ils ces Finlandais, et comment font les Allemands, les Autrichiens et les autres de même civilisation, pour s'accommoder en toute saison d'une couette bourrée de duvet ? Me suis battu toute la nuit avec cette pieuvre calorifère. A quatre heures, ce matin, la lumière m'arrachant à ce mauvais sommeil a mis fin au combat.

Depuis trente ans je n'avais plus eu l'occasion de revisiter la blanche et lumineuse cathédrale Saint-Nicolas où trônent Luther, Melanchthon et Agricola, réformateur de la Finlande, et où j'ai situé un épisode décisif de mon roman, *Des Arbres dans la tête*. Mais en ce temps-là, avais-je admiré, au-dessus de l'un des autels, la *Mise au tombeau* de Neffi, peintre russe ? Et noté que le doyen de ce temple, qui dépend de l'English Church, a aussi les territoires russes sous sa souveraineté ? Non sans doute puisque rien ne me permettant d'imaginer que je verrais s'ébranler et s'entrouvrir la forteresse la plus fermée du monde, j'avais, comme beaucoup, fait mon deuil de la Russie et tourné le dos à tout ce qui pouvait ressembler à une nostalgie. Je me souvenais de la phrase de Gide, l'une des dernières de son *Retour de l'URSS* : "Il importe de voir les choses telles qu'elles *sont* et non

telles que l'on eût souhaité qu'elles fussent…"
Mais, depuis peu, l'arrivée de Gorbatchev
avec son train de réformes et l'apparition de
Nina Berberova m'ont mis en état d'alerte.

Avec la chère Ann-Christine Salonen, éditrice aux yeux verts, déjeunant d'un sandre
arrosé de bière et de vodka, j'ai dressé une
première liste des livres finlandais qui pourraient enrichir le catalogue d'Actes Sud.

Vers dix-sept heures, Marja-Leena m'a emmené voir l'exposition organisée pour célébrer le cinq centième anniversaire du livre
finlandais. Il m'a fallu d'abord subir debout,
dans une chaleur de sauna, plus d'une heure
de discours dans un finno-ougrien particulièrement impénétrable. La récompense, en
quelque sorte, fut de découvrir ensuite, dans
l'exposition, des livres du XVIIIe siècle dont les
formats et les miroirs des nôtres paraissent
inspirés. Puis de rencontrer Timothy Barrett,
un spécialiste américain du papier, une sorte
d'aventurier universitaire qui, pour connaître
des techniques de fabrication en voie de disparition, est allé vivre au Japon après en
avoir appris la langue. Nous avons dîné ensemble et chanté à deux voix, jusque fort
tard dans la soirée, les grâces et les vertus
du papier.

Helsinki, le 25 août – Ce matin, une jolie
journaliste prénommée Tuva (elle me dit sans
rire que cela signifie "petite touffe") me pose

en français mille questions dans la curiosité où elle est (et ses lecteurs avec elle) des raisons qui nous portent à publier de la littérature finlandaise. J'ai beaucoup de mal à la convaincre que le "plaisir du texte" nous suffit amplement et que nous n'avons aucune ambition de pratiquer la géo-littérature.

Déjeuné ensuite à l'hôtel avec Matti Snell, directeur littéraire d'une grande maison d'édition. Ce qui m'intéresse d'abord chez lui, c'est qu'il est fumeur et que je peux enfin sortir ma pipe sans affronter la réprobation qu'en deux jours j'ai si souvent sentie chez des Finlandais atteints par l'épidémie de vertu venue des Etats-Unis.

Matti Snell me parle de la littérature française comme d'un désert et me consulte pour savoir s'il faut qu'il publie Albert Cohen. Sans doute... Mais je lui raconte quelques-uns de nos livres, ceux de Baptiste-Marrey et d'Anne Walter en particulier. Je sais d'expérience que je n'ai de chance de le convaincre que si je parviens à le séduire par le sujet. Quand, sortant du domaine français, je passe à Berberova, je vois aussitôt des signaux clignoter... C'est un nom dont on commence à parler ici, et j'ai devant moi un grand amateur de littérature russe. Matti Snell me raconte à cette occasion qu'au lendemain de la guerre les Russes s'étaient réservé ce quartier où nous sommes et l'avaient entouré de palissades devant lesquelles, jeune lycéen, il était venu manifester. On oublie parfois que la roue de l'histoire tourne.

Après le déjeuner, nous sommes allés dans ses bureaux et je suis sorti de là avec un panier de livres. Le luxe suprême, pour un éditeur pèlerin comme moi, serait d'avoir avec lui une interprète qui, le soir, à l'hôtel, traduirait à livre ouvert les romans repérés le jour.

Les spectacles ici commencent trop tôt pour qu'on ait le temps de dîner, et finissent trop tard pour souper. Marianne m'a emmené au Finlandia Hall pour assister à un concert du Festival d'Helsinki. Je n'ai pas été délivré pour autant de cette curieuse obsession russe que je sens rôder ici depuis mon arrivée : le chef du Bolchoï, Gennadi Rozhdestvenski, dirigeait ce soir, entre autres, une fantaisie dite finlandaise de Glazounov et l'interminable *Quatrième Symphonie* de Chostakovitch. Hilare, il dansait comme un ours, et pêchait la musique du bout de sa baguette, la rattrapant de l'autre main pour mieux, aurait-on dit, la pétrir, la pulvériser, la répandre.

Marianne était pressée de rentrer. Je suis revenu seul, à pied, l'estomac vide. Sur la Mannerheimintie, j'ai été interpellé par une femme et j'ai pensé que les professionnelles avaient ici une sacrée classe, mais je me suis dit in petto que me parler dans ma langue n'était pas ordinaire. C'était en vérité une libraire française qui m'avait reconnu. Et elle, au moins, savait où, à Helsinki, on peut manger à de telles heures...

Helsinki, le 26 août – La pluie recommence son tricotage méticuleux. Suis allé manifester mon mécontentement chez Tammi, les éditeurs qui ont acheté les droits de *l'Accompagnatrice*, car ils n'ont rien entrepris encore et ne savent pas quand ils vont publier le livre de Nina. Je leur ai dit, dans mon anglais le plus solennel, que je préférais leur racheter les droits plutôt que de consentir à cet atermoiement. Et il ne s'agit pas seulement de publier ce roman-là... il faut encore que les autres suivent ! Je veux l'intégrale de Berberova dans le plus grand nombre de pays et dans le temps le plus bref. Mais qui étais-je donc pour tenir un pareil langage ? Je n'avais même pas à la boutonnière le badge de Gallimard ou celui de Grasset !

Au déjeuner, Mirja Bolgar et Marianne me parlent avec émotion des récits et petits romans de Waltari qui, selon elles, mériteraient un peu de la gloire des gros "pavés" comme *Sinouhé l'Egyptien* ou *les Amants de Byzance*. Mirja me raconte par le détail *Fine van Brooklyn*. C'est dit, ces "petits" romans-là, il faut m'en réserver le privilège !

Avant le départ, visite à la caverne de Pentti Holappa qui gère un fonds de dix-sept mille livres en solde et pour le reste traduit Claude Simon, Nathalie Sarraute, Samuel Beckett, Michel Butor... Mais le livre qu'il m'offre est de George Sand, une édition ancienne de quelques romans champêtres. C'était cela, les libraires, du temps de mon adolescence et de certaines illusions.

Voici un aéroport qui se targue d'être intégralement non fumeur. Mais pour y arriver, le chauffeur de taxi auquel Marianne m'a confié, maudissant la course pour des raisons que j'ignore, s'est livré à des acrobaties routières qui ont mis ma vie et quelques autres plus en danger que jamais elles ne le seront par le tabac. Tant qu'on matraquera les tabagiques sans toucher aux assassins du macadam et aux dresseurs de chevaux qui les motivent, il y aura une injustice doublée d'une sottise.

Même jour, en vol vers Paris – Dans le Boeing de Paris j'ai pour voisin un Mexicain qui a vite fait de m'apprendre qu'il est un conseiller de l'Union des banques suisses. Il m'interroge ensuite sur mes activités, écoute ma réponse et me déclare : "Je ne sais rien de la littérature ni de l'édition mais donnez-moi votre carte car je vous enverrai le premier livre que j'écrirai."

Paris, le 31 août – Claude Maupomé, qui d'entrée de jeu se targue, auprès de l'éditeur que je suis, d'avoir fait sauter Antoine Gallimard sur ses genoux, a des yeux aussi peu résistibles que sa voix. Elle m'a accordé le privilège de participer à sa fameuse émission *Comment l'entendez-vous ?*, et je m'y étais apprêté avec soin. Mais elle sait détourner ses invités de leur projet, de leurs notes, et provoquer ce qu'il y a de plus secret dans leurs préférences. Poussé par ses discrets encouragements, j'ai parlé des voix, d'une indéfinissable sensualité des profondeurs et dit que leur conservation par l'enregistrement était la plus grande invention de notre temps. Je me souviens aussi que j'ai évoqué ma prédilection pour un romantisme allemand qui n'en finit pas de mourir, puis soutenu que la musique de Schubert est la plus romanesque du monde et déclaré que je ne peux l'entendre sans voir aussitôt le fil du destin devenir incandescent et répandre alors une lumière émouvante. J'ai dit encore que Bach pose à mon sens la question du chef-d'œuvre *délibéré*, dans l'intime compromission de la forme et du fond, et à propos d'Erik Satie que la facilité n'est pas plus facile en musique qu'en littérature... Je sais cependant que pour les auditeurs de France Musique qui écouteront dans quinze jours ou trois semaines l'émission que nous venons d'enregistrer, le choix des intermèdes musicaux sera beaucoup plus éloquent que mes propos et aura pour eux plus de sens que mes phrases. Et c'est bien ainsi.

Arles, le 5 septembre – J'avais été choqué d'entendre à plusieurs reprises quelques romanciers d'ici s'insurger de la place que des éditeurs donnent à la littérature étrangère dans leur catalogue. Bernard Frank, si j'en juge par son billet dans *le Monde* du 31 août, a lui aussi eu vent de cela. "D'ici à quelques années, écrit-il, on verra des centaines de romanciers bien de chez nous défiler de la Concorde à l'Arc de Triomphe en vociférant : *Que la librairie reste française ! Mort aux traducteurs et aux traductions ! Brûlons ces romans étrangers qui nous ont fait tant de mal.*" Exagère-t-il ? A peine... Et je plains ces pauvres couillons, comme dirait Pagnol, qui ne comprennent pas que le retour de la littérature étrangère en ce pays, par le biais des traductions, c'est une formidable sève qui remonte dans notre vieil arbre romanesque.

Arles, le 12 septembre – Le cinq centième titre du catalogue est sorti de presse, voici quelques jours. Il s'agit du giboyeux roman de Göran Tunström, *le Voleur de Bible*. Nous avons reçu l'auteur pour une petite soirée d'hommage à la librairie, en compagnie de Marc de Gouvenain et de Lena Grumbach, ses traducteurs. Ce qui me fascine chez Tunström comme chez Irving dans *le Monde selon Garp*, c'est le culot et la simplicité avec lesquels ces chiffonniers de génie, jetant sur leur table d'écrivain des trouvailles de crocheteurs, s'en servent pour refaire le monde, le repenser à la manière des grands mythes qui hantent leurs esprits comme les nôtres. Ces conteurs ivres, sans cesse inassouvis, font la preuve de la fertilité romanesque. Ce sont les "succulentes" de notre temps, ces plantes qui, comme me l'a expliqué Yves Delange

au Muséum, pour affronter les longues séche-
resses et les rigueurs des déserts se gavent
de sucs.

Pour soutenir la série philosophique que
dirige Michel Guérin, j'ai préparé un numéro
spécial de *la Gazette* et j'ouvre le ban par cette
profession de foi : "Vingt-cinq siècles après *la
République* de Platon, alors même que l'ordre
philosophique ne règne toujours pas sur le
monde, le philosophe demeure notre seule
chance de comprendre quelque chose à notre
destin, et il y va de l'honneur des éditeurs de
lui ouvrir leurs portes pour résister au penser
vulgaire qui est toujours un penser bas."

Paris, le 14 septembre – Avec Pierre Furlan,
longue conversation sur le roman français et
la fréquentation du roman étranger. "Ici, dit
soudain Pierre d'une formule heureuse dont
je me souviendrai, on a oublié que le verbe
écrire était un verbe transitif, on n'écrit pas
un roman, un poème, une pièce de théâtre,
on *écrit*." Ecrire... cra-cra...

Dans *Libération*, cette petite annonce :
"F. séropositive cherche H. séropositif pour
rêver." C'est le roman le plus émouvant que
j'aie lu ces derniers temps. Et la femme qui a
imaginé cette annonce, elle, sait *d'où* elle écrit.

Porrentruy, le 23 septembre – Il y avait une
centaine de Jurassiens hier soir pour
m'entendre répondre à la question que leur

46

bibliothécaire avait donnée comme titre à ma conférence : "Qu'est-ce qui fait courir un éditeur ?" Et parmi eux Rose-Marie Pagnard, qui vit dans des montagnes proches et dont j'aime infiniment le petit roman : *La Période Fernández*. C'est à elle – s'en est-elle doutée ? – que j'ai dédié mes propos. Cela m'arrive de plus en plus souvent : de modifier l'architecture de mon discours à la dernière minute, dans l'inspiration qui me vient d'un visage.

J'ai plaidé hier qu'il n'est de bon livre qui ne soit d'abord un texte passionnément aimé. Ce qu'un éditeur fait d'un manuscrit dépend d'abord de ça.

Au Paradou, le 25 septembre – Pour écrire la préface au catalogue de l'exposition Bruno Schulz de Marseille, relu *Lettres perdues et retrouvées*. Dans l'élan qui m'a emporté ensuite d'émotion en intuition, deux heures durant, j'ai négligé de sauvegarder ce que je tapais sur mon fidèle Macintosh. Et soudain, par une fausse et inexplicable manœuvre, j'ai tout effacé. Rage, colère, désespoir, recherches fébriles, rien n'y a fait. Impitoyable animal... Dans la soirée il m'a fallu tout recommencer.

"Bruno Schulz ou le fatal inachèvement... On ne peut évoquer le souvenir de Schulz et s'introduire dans son œuvre sans penser aux synagogues incendiées, sans évoquer les ruines monumentales dont les moignons suggèrent des gestes interrompus, écrivais-je. C'est qu'il y a, dans ce qu'on peut lire ou voir chez Schulz, des promesses à jamais évidentes et muettes." J'écrivais évidemment avec le souvenir très présent de mon incursion en mai à Berlin-Est, et dans l'obsession de cette dialectique : le souvenir et l'oubli, ce qu'on sait et ce qu'on ne saura jamais.

Arles, le 3 octobre – La télévision flamande de Belgique débarque avec armes et bagages en compagnie d'Ivo Michiels, met la maison en état de siège, envahit mon bureau, m'interviewe sur cet écrivain que je cherche à imposer auprès d'une presse qui ne lui prête guère attention. Après, je découvre qu'ils m'ont laissé un beau pâté d'huile noire sur ma nouvelle moquette et qu'ils ont brisé un sous-verre avec une œuvre d'Yves Gilbert. Mais ils sont pardonnés parce que ce sont des vrais, des pros qui savent lire et posent d'intelligentes questions.

Francfort, Foire du Livre, le 4 octobre – Où sont donc passés nos livres ? Une enquête rapide nous apprend que l'expéditeur les a... oubliés sur le quai de chargement à Paris. On nous les acheminera cette nuit. En attendant, j'ai garni le stand avec le seul ouvrage qui, dans une caisse séparée, est arrivé jusqu'ici : notre catalogue. Cent cinquante exemplaires placés sur les étagères, les uns à côté des autres. Nos confrères ont cru que c'était une astuce, un coup de pub. "Génial !" s'écrie l'un d'eux. Où peut tomber le monde éditorial…

Dîné ce soir dans le quartier de la cathédrale avec Jean-Paul Capitani. Nous restons longtemps à regarder les façades ocre auxquelles les projecteurs donnent une matité étonnante. On dirait une architecture en deux dimensions, des choses dessinées, un théâtre en quête de spectacle. L'architecture est un sujet que nous aimons aborder, lui et moi. Nous avons là des connivences. Et c'est à petits coups de connivences que l'entente s'établit dans une équipe composée, comme la nôtre, de personnalités formées à des écoles si différentes.

Francfort, le 6 octobre – Cette foire est décidément le dernier refuge des nostalgiques qui ont placé leurs ambitions et la justification de leur statut dans ces soirées où l'on porte smoking, dans ces rencontres où d'un clin d'œil on fait la différence, dans ces coups où l'on joue des millions.

Helene Ritzerfeld, la dame terrible de Suhrkamp, me met en garde à propos de l'édition des livres d'Uwe Johnson que nous préparons. Elle sait – mais comment le sait-elle ? – que nous avons demandé à Pierre Mertens une préface et elle me prévient que la "famille" se montrera très pointilleuse sur la relation du suicide de l'écrivain. Aucune allusion à l'alcoolisme ! Rien ne pourra être publié qui n'ait leur *nihil obstat*.

Ce soir, perturbation dans les liaisons aériennes. Trois heures d'attente à l'aéroport parmi des Asiatiques qui sont allongés partout, campent, dorment, prient, font leurs ablutions et nous apportent la démonstration silencieuse que la planète n'est pas tout entière à l'image de cet aéroport de nantis et de la Foire du Livre. Ils ont entamé avec leurs familles une grève de la faim qui dure depuis plusieurs jours déjà.

Lecture des journaux qui rapportent la catastrophe nîmoise, ce brusque envahissement de la ville par les eaux, cet ensevelissement dans la boue, ce torrent qui a emporté voitures et meubles, et tout compte fait cet autre rappel : qu'à tout instant l'ordre des choses peut se rompre dans nos sociétés infiniment vulnérables. Comme New York privée de courant.

New York, le 9 octobre – A l'aube, du vingtième étage où nous sommes installés chez les Nissenson, observé le soleil posant avec soin des coupoles dorées sur quelques édifices de New York. Et pourtant hier encore, pendant que nos amis, qui nous avaient accueillis à Kennedy, Christine et moi, nous amenaient ici, il tombait sur la ville une pluie drue et glacée. Puis, vers neuf heures, Manhattan a repris son air de clavier géant.

Hugh Nissenson nous a tout de suite montré les planches d'art brut (collages de papiers et de matériaux insolites, avec des parties peintes à l'acrylique) qu'il vient de réaliser et qui constituent dans son projet les œuvres imaginaires de John Baker, un colon installé sur la planète Mars vers le milieu du troisième millénaire, en vérité le héros de son prochain roman. Hugh nous a expliqué avec véhémence que la présence de reproductions des œuvres de Baker dans le livre le délivrerait de leur description et lui permettrait d'aller sans détour, par l'écriture, à ce qui sera, dit-il, l'essence même de son roman : la démiurgie de ses personnages.

Alors que nous titubions de fatigue et que, tout en parlant, Hugh nous soûlait de vodka au poivre (accompagnée de pop-corn chaud) à une heure qui était pour lui celle de l'apéritif et pour nous celle du coucher, j'ai été pris de vertige à le voir s'emporter, se passionner dans son gourbi encombré d'accessoires, de vieux traités et de statuettes, devant des baies par lesquelles on aperçoit des bateaux de plaisance alignés sur la rive de l'Hudson. Après une heure de ce régime, je me demandais, et demandais du regard à Christine, si Hugh n'était pas déjà prisonnier de ce monde halluciné et terrifiant auquel la force de ses fantasmes donnait réalité.

Aujourd'hui, qui est un dimanche, abandonnant les New-Yorkais à leurs quotidiens de plusieurs kilos, nous sommes partis dans une ville en fête (malgré certaines rousseurs, on se serait cru en juin), pour aller, au département d'ethnologie américaine du Metropolitan Museum, badauder devant les intérieurs reconstitués du siècle dernier, les toiles de Tomas Eakins, celles de quelques autres réalistes minutieux. Que de couvertures en perspective pour nos livres !

Comme nous rentrions chez les Nissenson, Nina m'a appelé, toute frémissante. Par un coup de fil de Paris, elle venait d'apprendre que son autobiographie avait commencé à paraître dans la revue *Questions de littérature* à Moscou. Elle se montrait impatiente de m'en parler, de nous voir. Nous avons fixé avec elle les détails de notre passage à Princeton.

Ce soir, avec Philippa Wehle et Manny Chill, dîné dans un restaurant dont avec fierté ils nous ont présenté le patron : "Il chante Rameau dans la chorale de Brooklyn !" a dit Philippa.

Le temps les transforme et soudain les embellit. Lui, plus léger, presque diaphane, en cette veille de Bicentenaire parle de Barnave (sa marotte d'historien) avec une légèreté, une transparence dans lesquelles s'ouvrent des perspectives infinies. Elle, avec des yeux toujours aussi bouleversants qu'au temps où je l'ai connue, revient à ses chères études théâtrales et espère que je pourrai bientôt rééditer son *Théâtre populaire selon Jean Vilar* qui vient à épuisement.

Rentré à pied chez les Nissenson qui habitent environ vingt-cinq blocs plus bas. La nuit était fraîche, la ville bruissait à peine, nous n'avons croisé que des promeneurs qui sortaient leur clebs à cette heure tardive comme s'ils avaient honte d'être surpris ramassant les crottes et les enfournant dans des sacs de plastique.

Hugh, qui venait lui-même de sortir son énorme berger d'Ecosse – dont la laine abondante empêche de distinguer la proue de la poupe –, nous attendait. Il a ouvert devant nous un album luxueux, celui de sa promotion universitaire (1954), et près de lui, sur la photo de groupe, nous a désigné Michael Dukakis. Utile rappel que les élections présidentielles approchent : il y a si peu d'affichage politique sur les murs de New York !

New York, le 10 octobre – Christine n'ayant jamais vu de près la statue de la Liberté, et le temps se maintenant au beau, nous avons pris ce matin, à Battery Park, le rafiot de la *Circle Line* en nous rappelant quelques belles pages du *Fou d'Amérique* d'Yves Berger. Mais nous avons renoncé à monter dans le diadème rénové de la belle de Bartholdi car il y avait une queue interminable. Et nous avons repris le chemin du temple new-yorkais que j'aime entre tous – *Grand Central Station* – pour déjeuner chez Hyatt comme l'an dernier. Mais cette fois, par une gazelle à la jupe haut fendue nous avons été invités à choisir entre la grande galerie "non-fumeurs" et une petite loggia réservée aux vicieux de notre espèce.

Nous étions décidés à faire aujourd'hui un tour de New York en touristes primaires et tout y est passé, l'ONU avec son pendule de

Foucault, Saint-Patrick, le *Rockefeller Center*, l'*Empire State*, et bien entendu Saks, ses chemises, ses cravates, ses bretelles irrésistibles... New York aussi est une fête.

Mais elle l'est parfois pour les New-Yorkais eux-mêmes. En témoignait l'intarissable parleur qui ce soir nous emmenait à Brooklyn dans son tacot et n'eût pas déparé la galerie de personnages d'un livre de Paul Auster chez qui il nous conduisait.

Sitôt entrés dans Brooklyn, impression que nous n'étions plus à New York mais dans une ville européenne. Et le logement des Auster nous a confirmés dans cette idée. Ce petit appartement de trois ou quatre pièces, à l'étage d'un immeuble bourgeois, meublé avec une discrétion raffinée et des touches d'art déco, nous aurions pu le découvrir dans le quinzième à Paris ou dans la banlieue sud de Bruxelles.

Ce sont les enfants Auster qui nous ont accueillis, et Siri, très en beauté. Paul, le cigarillo aux lèvres, est apparu après. Il paraissait en visite. J'ai compris plus tard : ce n'est pas dans cet appartement qu'il travaille, mais dans un atelier du voisinage. Pour nous remercier de l'accueil estival, ils nous ont offert un violon mexicain fort joli et tout à fait fragile qui, à l'instant où nous l'avons déballé, a commencé à me donner des sueurs à l'idée de le coltiner sans le briser au Canada puis en Europe.

Don DeLillo est arrivé presque aussitôt. Ce quinquagénaire qui a obtenu l'*American*

Book Award en 1985 avec *White Noise (Bruit de fond)*, c'est Paul, cet été, qui nous avait conseillé de le publier. C'était, disait-il, un auteur pour notre catalogue. Nous avions suivi son avis mais nous étions arrivés trop tard pour acquérir les droits de *Libra*, un roman sur l'énigmatique assassin de Kennedy. En revanche, nous les avons eus pour d'autres titres, et en particulier *The Names* que traduit en ce moment Marianne Véron.

Dans les expressions du visage et dans les gestes, Don DeLillo a, comme Paul, une sorte de transparence que ne laisse pas prévoir l'étoffe de ses livres, et dans le regard cette étrange profondeur par quoi l'on pressent que ces deux-là, à leur tour hantés par l'obsession du "grand roman américain", portent en eux des ambitions romanesques d'une étendue insoupçonnable. Tout de suite, d'ailleurs, la conversation m'a montré que loin d'être obsédés "à la française" par leur classification dans le monde littéraire, ils le sont par leur *projet* romanesque et par les rapports que, dans leur imagination, l'histoire entretient avec les mythes.

Au retour, la tête pleine encore des impressions de cette soirée, j'ai été saisi d'un seul coup et j'ai fait arrêter le taxi : vue de Brooklyn, Manhattan illuminée était belle comme un Uccello.

Chez les Nissenson, où nous rentrions avec mille précautions et sur la pointe des pieds, nous avons été accueillis en fanfare par Skipper, le perroquet, qui nous a fait un numéro d'imitation de son maître avec autant d'entrain que s'il nous proposait une nuit de saturnale.

Princeton, le 11 octobre – L'effet Berberova est toujours aussi saisissant. Au volant de sa Plymouth, l'élégante petite dame qui était venue nous prendre à la gare nous a menés chez elle. "J'ai cru comprendre que vous aviez des doutes sur mes capacités de conductrice", m'a-t-elle dit d'entrée de jeu. Elle avait donc lu *l'Editeur et son double* où j'avais noté, à la date du 22 juin 1987, qu'elle conduisait "en donnant l'impression que son âge lui accorde toutes les priorités". L'œil rivé sur la route mais le sourire aux lèvres, elle a ajouté qu'en trente années de conduite elle n'avait pas eu le moindre accident et que sa prime d'assurance était au plus bas.

Au cours de nos rencontres, Nina me fait souvent penser à ces voyageurs qui sont capables de caser dans une même valise beaucoup plus de choses que d'autres car ils savent l'art de remplir les coins. Un instant n'est jamais perdu pour elle. Et les conversations ne sauraient être futiles. Les quelques minutes passées en voiture ont suffi pour m'apprendre qu'elle s'abstiendrait de voter aux élections présidentielles. "Il faut laisser ce privilège à ceux dont l'avenir en dépend", me dit-elle. Et d'ajouter : "Entre les plus jeunes des électeurs et moi, pensez donc, il y a presque cinq générations. Non, ce n'est plus de mon âge." Et puis, soudain, riant : "D'ailleurs, j'ai vu Dukakis à la télévision, il s'essuyait le nez sur la manche, quant à *l'autre* (Bush) il ne m'intéresse pas. Donc, abstention."

Dans cette Princeton si anglaise l'automne donnait au quartier universitaire où se trouve la *datcha* des rousseurs victoriennes. A peine étions-nous installés dans le petit salon, Nina a planté son regard dans le mien et d'une voix qu'elle prendrait pour me morigéner a lancé : "Vous avez eu peur que je ne meure cet été, n'est-ce pas ? (Silence.) Et vous avez cru que j'avais peur de mourir, avouez..." Avoue-t-on ces choses-là sans se prendre dans les filets ? Je n'avoue donc rien. Elle s'en fiche. "Je n'ai pas peur de la mort, dit-elle encore. La mort, c'est comme un monument, là, sur la route, je la vois la mort... simplement, je ne peux apprécier de manière certaine la distance qui m'en sépare. Mais peur, non... Voulez-vous savoir de quoi j'ai peur en vérité ?" Et sans attendre : "J'ai peur d'avoir à retourner à l'hôpital, ça oui. Et puis j'ai peur d'être invitée par *monsieur* Pivot !" Suit un éclat de rire qui nous détend tous. Peur de Pivot ? Quelle idée ! "Si, si…, dit-elle. Imaginez qu'il m'invite et que je fasse des fautes de français... Devant lui, devant la France entière !" Nouveau rire. Et elle va vers sa cuisine où, avant notre arrivée, en femme comptable de son temps, elle a préparé les instruments du thé et les biscuits.

Ah, l'art qui est le sien de passer du tragique au comique et de revenir... Depuis son opération, dit-elle, il lui arrive de faire des cauchemars. Elle se trouve embringuée dans des complots, quelque part en Amérique latine, et s'aperçoit soudain que, par son action, elle a envoyé à la mort des amis qui lui sont chers. Murl Barker. Ou moi. "Oui, oui, vous, cher Hubert... vous rendez-vous compte ?" Si je me rends compte...

Mais la voilà repartie – cette fois pour Moscou. "C'est décidé, il faut que j'y aille au printemps." Il me semble qu'elle est en même temps épouvantée et ravie. Les autorités américaines lui auraient laissé entendre qu'elle pourrait, là-bas, compter sur leur aide, pour la loger, par exemple. "Pas question, dit-elle, je suis certes une Américaine. Mais là-bas, je serai une Russe qui revient après soixante ans. Pour voir. Si je ne peux pas y aller comme ça, je n'irai pas."

Murl Barker nous a rejoints pour le déjeuner au club de l'université. Après, nous nous promenons dans le parc où des groupes d'étudiants discutent sans tapage. Murl m'a pris à part pendant que Nina montrait quelques bâtiments à Christine. Nous nous interrogeons sur ce voyage en Russie. Nina a beau dénier le sentimental, le choc risque d'être rude. Il faut que l'un de nous l'accompagne. Lui, moi, peut-être les deux. Et puis il convient de mettre là-bas un peu d'ordre dans l'édition des œuvres de Nina. Il n'y a pas de raison que les Russes puisent sans rendre de comptes. "Que complotiez-vous ?"

nous demande-t-elle en nous rejoignant. Nous prenons des airs mystérieux, elle nous saisit par le bras en riant, et Christine nous photographie. "Je me sens très protégée", dit encore Nina en nous serrant plus fort.

Nous avons passé l'après-midi à éplucher les dossiers qu'elle a réunis et ceux que j'ai apportés : les contrats, les traductions... Sur les traductions, je ne cesse de l'admirer. Non seulement elle repère avec une précision stupéfiante les contresens ou les faux sens qui se sont introduits, mais elle souligne aussi de son crayon acéré ce qui "peut-être n'est pas bien dit en français". Et comme par hasard, c'est toujours une phrase qui, en effet, pourrait être mieux tournée. Et dire qu'elle prétend avoir peur d'aller chez *monsieur* Pivot ! Mais jamais elle ne donne la solution, jamais n'impose, comme certains, *sa* version. "C'est votre affaire, et celle de vos traducteurs."

A tout moment, cependant, elle s'évade du texte et rassemble ses souvenirs, raconte une anecdote, m'explique par exemple que c'est en le rappelant à la soumission maçonnique, devant un Marcel Cachin dans tous ses états, qu'en 1917 Albert Thomas obtint de Kerenski que celui-ci renonçât à conclure une paix séparée avec l'Allemagne.

Parfois encore, telle une flamme surprise par un courant d'air, la mémoire vacille, un mot, un nom lui échappent. Nina fait alors un geste de la main, l'air de dire : Attendez,

ne m'aidez pas, il faut que cela me revienne.
Et cela revient.

Princeton, le 12 octobre – Encore une aube
indienne qui rend justice à l'appellation de
"Nouveau Monde". Mais peu et mal dormi
dans ce *Peacock Inn* où Nina nous avait réservé une chambre : lit conjugal trop étroit
et la route, sous nos fenêtres, toute la nuit
sillonnée par des camions. J'ai profité de
ces insomnies pour réfléchir à quelques
traits qui m'avaient frappé la veille dans les
propos de Nina, à des jugements d'autant
plus sévères que brefs. A les reprendre un à
un dans la solitude et l'obscurité, j'ai compris que c'était elle qui avait raison, elle que
l'âge oblige en quelque sorte à vivre en
femme pressée, économe d'un temps qui
lui est compté, et qui n'a plus aucune raison
de s'attarder dans la complaisance ou la
commisération. D'un traducteur qui a commis un contresens de trop elle dit : "Ce n'est
pas un professionnel." Et tout est dit. D'un
journaliste qui a caviardé ses propos ou
d'un autre qui n'a pas bien lu ou pas compris l'un de ses livres : "C'est un fantaisiste."
Cela sonne comme "minable". Sa dernière
heure venue, je la crois capable de lancer :
"J'ai failli attendre !" Qui n'envierait cette
économie, cette efficacité, cet aplomb ? Nina
est là comme dans ses petits romans : avec
le mot juste, et pas un de plus.

Avant que nous la quittions – avait-elle deviné de quelles réflexions j'avais tissé une partie de ma nuit ? – elle a parlé d'écrivains dont elle fut, dit-elle, dans ses premiers écrits, le naïf épigone, mais n'a pas cité de noms, allant tout de suite au souci qu'elle avait eu bientôt de se débarrasser de ces influences inutiles pour débarrasser son écriture d'ornements sans intérêt.

Ses yeux pétillent. "Et surtout, ajoute-t-elle, n'allez pas croire et dire que mes romans sont autobiographiques ! Seul l'est *C'est moi qui souligne*. Dans les romans, il n'y a de personnel que les lieux, les silhouettes, jamais les situations ni les héros." A-t-elle vu que j'hésitais : la prendre au mot ou l'entendre à demi-mot ?

Au moment où l'on va pour se quitter, devant la gare universitaire de Princeton, elle insiste pour que toutes dispositions soient prises et respectées afin qu'à son décès les droits sur son œuvre me reviennent. "C'est justice", dit-elle. Le train entre en gare.

New York, même jour – Lunch dans un *coffee shop* de Madison que fréquentent des célébrités qui ont choisi de soutenir Dukakis. Là, je me suis tout à coup rendu compte que les New-Yorkais parlaient souvent comme le mainate que nous avions jadis, avec la même violence et la même raucité.

A deux pas, visite à la librairie de Peter Philbrook, un ami de Paul Auster. On les voit d'ailleurs ensemble sur une photo exposée en bonne place. Satisfaction de savoir qu'Actes Sud n'est pas une maison d'édition inconnue pour cet excellent libraire.

En remontant la Onzième avenue, par hasard tête à gauche : un porte-avions en pleine ville, amarré sur l'Hudson. Comme dans un film de science-fiction.

Pris le thé, Park Avenue, chez Melinda Camber Porter à qui Jean-Marie Besset m'avait recommandé de faire visite. Ex-correspondante du *Times* à Paris, cette femme charmante et agitée vient de publier à Oxford University Press un essai un peu mode – *Through Parisian Eyes* – qu'elle m'a dédicacé après m'avoir fait lire les pages relatives à ses entretiens – d'un humour assassin – avec Yves Montand et Bernard-Henri Lévy. Elle a écrit cinq ou six romans impubliés dont elle se propose de m'envoyer les manuscrits.

Ce soir, les Auster sont venus dîner chez les Nissenson en même temps que Juliette Dickstein qui nous représente aux Etats-Unis. Paul et Hugh n'ont pas les mêmes amours littéraires (ou si peu, Babel à la rigueur), le savent ou le sentent, et se méfient. Juliette demeurait silencieuse (mais j'aime l'éloquence et la force retenue dans les silences de Juliette). Et puis, à tout bout de champ Marylin ou Paul allaient dans la pièce voisine voir à la télévision où en était la coupe finale de base-ball. Et la défaite des Mets infligée par L.A., cassant le moral de nos New-Yorkais, a assombri la fin de soirée.

La passion des Américains pour le base-ball, qui me paraît plus entière que celle des Européens pour le foot, continue de m'intriguer d'autant plus que personne ici ne m'en donne d'explication satisfaisante. "C'est l'unique ciment de l'unité américaine", a dit Hugh devant Paul qui hochait la tête. Oui, mais la symbolique de ces figures complexes, de ces gesticulations étranges ? Et si c'était la représentation emblématique de l'idée que même les meilleurs ont leur temps, qu'ils peuvent être soudain battus, dépassés, défaits *(defeated)*. Je n'ai pas osé lancer cette hypothèse dans la conversation. Au retour, relire *le Grand Roman américain* de Philippe Roth.

New York, le 13 octobre – Avant que nous nous quittions, Hugh m'a confié mezza-voce que pendant que nous étions à Princeton, il avait fait un grand pas dans son travail en découvrant que les ongles ont la même forme que les dents. Il était aussitôt allé acheter des ongles artificiels, comme s'en collent au bout des doigts les femmes qui rongent les leurs, et les avait placés dans la bouche de quelques-unes des créatures de son roman. Terrifiant !

Montréal, même jour, le soir – Dans l'avion d'Eastern Airlines qui emportait très peu de passagers, je me suis trouvé entre Christine et un obèse suant dont les replis me tombaient dessus comme des nageoires, et qui éructait avec de forts relents de bière. Changé de place sous l'œil désapprobateur de l'hôtesse.

A Dorval, où soufflait un vent glacial, Daniel Johnson et Mireille Bertrand, ambassadeurs des Editions françaises, nous attendaient. Elle, avec ses lunettes à demi fumées, cerclées de bleu, avait un doux air de chouette. Ils nous ont conduits à l'hôtel de la Montagne qui est bien, je crois, le plus *fun* de Montréal.

En chemin, pendant que nous traversions cette ville où l'on dirait parfois qu'il y a plus de centres commerciaux et de bureaux que d'habitations, Daniel nous a dit que Miou-Miou était repartie furieuse pour n'avoir pas reçu le Prix de la meilleure actrice au Festival de Montréal où *la Lectrice* a pourtant eu le prestigieux Prix des Amériques. Et pour bien montrer son mécontentement elle serait, paraît-il, venue à la cérémonie de clôture en jeans et tennis.

Ce soir, dans notre chambre, nous avons assisté au dernier débat télévisé avant les élections américaines. Nous avons pensé, Christine et moi, que les Américains, compte tenu de ce que l'on sait de leurs réactions viscérales, n'hésiteraient pas, pour un poste aussi considérable que la présidence, à choisir Bush, l'élégant conservateur, plutôt que Dukakis, l'inélégant démocrate. D'ailleurs, dans les sondages, Dukakis avait perdu en quelques semaines l'avance prise au début de la campagne et déjà faisait figure de *loser.*

La dernière question posée aux candidats par les meneurs de jeu était perfide : il leur fallait en quelques minutes dire *le bien* qu'ils pensaient de leur adversaire. Bush, encore plus perfide que la question, a souligné de manière insistante le sens de la famille si présent chez Dukakis dont à chaque phrase il rappelait les origines et répétait le nom comme s'il mâchait un gâteau au miel. J'ai pensé que Dukakis, orientalisé, était définitivement perdu.

Montréal, le 14 octobre – Les jeux sont faits. Toutes les stations de radio le clamaient ce matin : Dukakis a déçu même les siens, il est virtuellement battu.

Mireille, bonne attachée de presse, m'avait organisé des rendez-vous médiatiques sans temps mort : radio, télévision, journaux. A midi, au cours d'un "dîner" de presse, la conversation est venue sur la solitude des écrivains québécois qui ne veulent plus envoyer leurs manuscrits en France, persuadés que les éditeurs là-bas les moquent, les méprisent ou les ignorent. J'ai tenté d'opposer à cette amertume notre sincère curiosité, notre attente déçue, et suggéré que les écrivains d'ici traversaient peut-être une double crise, celle que la France vit et exporte, et celle qui vient de l'incertitude dans l'identité québécoise.

Je pensais à ces dizaines de manuscrits que nous avions reçus au cours des dernières années, manuscrits qui nous avaient mis dans l'embarras par une platitude si grande (ni sujet véritable ni autorité dans l'écriture) que les arguments pour justifier le refus d'éditer ne pouvaient être que blessants ou mensongers. Il était difficile, au cours de ce déjeuner, d'aller plus avant sans désobliger.

Sainte-Marguerite, même jour – Nous avions confié à nos amis canadiens le désir que nous avions, n'ayant plus pris de vacances depuis une éternité, de profiter de notre séjour pour nous reposer quelques jours dans un lieu que nous leur laissions le soin de choisir. Ils n'avaient pas hésité : "C'est les Laurentides qu'il vous faut !" Nous avons loué une voiture, suivi le plan qu'on nous avait remis, et foncé sous une pluie battante. Foncé, c'est vite dit. C'est vendredi aujourd'hui et tout le Québec paraissait en exode. J'aurais pu lâcher le volant et me laisser conduire par les voitures qui entouraient la nôtre. Sans jamais quitter les grands espaces urbanisés – alors que nous nous attendions à pénétrer dans une nature sauvage, dans des lieux désertés sinon désertiques – nous avons fini par trouver l'auberge – *The Snowy Owl* – où l'on nous avait réservé une chambre.

Dans l'obscurité, de sinistres pressentiments nous ont assaillis. Quel paysage trouverons-nous demain au réveil ?

Sainte-Marguerite, le 15 octobre – Ce que nous avons découvert par la fenêtre au réveil ? Une mare dans laquelle se reflètent des bouleaux déplumés, une colline grise au crâne rasé, un ciel d'Argonne – purée grise avec grumeaux –, des chalets d'un style maniéré, des pédalos en plastique jaune qui sur la berge attendent des jours meilleurs, et les lacets d'une route où les camions ont ronchonné toute la nuit.

Ce fut mieux ensuite. A la faveur d'une embellie qui est venue comme s'il était temps de modérer notre humeur, nous avons mis le cap, dans notre Plymouth de location qui a des reprises de bœuf de labour, vers le mont Tremblant. Par la transcanadienne d'abord, puis par de petites routes qui m'ont rappelé celles de mon enfance, du temps où la croisière automobile entre deux lignes de platanes avait encore un sens. Mais ces vastes espaces montueux sont mités par des décharges publiques et des terrains vagues quand ils ne sont pas colonisés par des cités, des condominiums ou des centres commerciaux. Les "charmants petits villages" qu'on nous avait annoncés ne sont en vérité que des agglomérations routières longiformes, constellées de boutiques, d'où l'habitat ancien a presque disparu.

Sainte-Marguerite, le 16 octobre – Hier soir, faute de mieux, *pitonné* (zappé, en québécois) avec rage dans l'espoir de trouver quelque chose de comestible à la télévision. Mais il a fallu choisir entre le match qui opposait les Dodges (vainqueurs des Mets au grand dam de nos amis new-yorkais) aux A's d'Oakland, et les simagrées de Jimmy Swaggaert, ce prédicateur qu'un concurrent a piégé en retrouvant et en confessant publiquement une prostituée à laquelle le révérend demandait des services corsés – et Swaggaert, habile comme le diable, battait sa coulpe, grossissait sa faute, baisait le micro comme la croix, se contorsionnait, se déclarait à jamais indigne du service divin avec tant de véhémence que ses milliers de fidèles entassés sous la tente se sont mis soudain à lui crier leur pardon et à le supplier de rester leur pasteur. Où va un pays qui se livre à de tels charlatans ?

Ce matin – qui est un dimanche –, nous avons sacrifié au rite du *brunch* dans la salle à manger du *Snowy Owl*. Des endimanchés venus des environs – mais aussi de Montréal – piochaient en experts dans un buffet dressé comme en Suède les jours de cérémonie. Pour nous ouvrir l'appétit on nous a servi d'abord des coupes de "champanette" qui est un mélange de jus d'orange et de ce mousseux qu'on sert chez nous dans les bals villageois.

Après, Christine m'a emmené en un endroit perdu de la montagne, qu'en bonne marcheuse elle avait découvert la veille. C'est un lac auquel on accède par une piste de trappeur. Là-haut, décor postnucléaire : on se trouve au royaume des castors. Avec des troncs d'arbres déchiquetés ces bestioles ont édifié un barrage énorme, ils ont construit avec des branchages des nids pareils à des îles et ils continuent obstinément d'abattre des bouleaux qu'ils rongent à la base et dont ils abandonnent de larges portions. J'en ai surpris un, gros chat gris et noir avec une tête de phoque et une queue pareille à une palette de ping-pong. Nous nous sommes regardés un instant puis il s'est dissimulé dans le treillis du barrage. Nous avons en vain attendu dans le plus parfait silence. Méfiance ou patience, les castors ont eu raison de nous, de notre curiosité. Nous sommes repartis avec l'impression qu'ils n'attendaient que ça pour se remettre à leurs travaux.

Coïncidence ? Au retour nous avons appris par la télévision que des Indiens – les Mohawk de Cornwall en Ontario – dressaient des barrages en travers des routes pour protester contre la spoliation de leurs terres riches en pétrole. Ils portent les mêmes jeans, la même chemise à carreaux, la même casquette à coiffe ronde que les journalistes et les témoins qui se sont assemblés.

Sainte-Marguerite, le 17 octobre – Sous un ciel reconquis par des flottilles de nuages, comme si le soleil n'était qu'une faveur du week-end, nous sommes partis à la recherche d'une réserve indienne que les cartes indiquent mais que les gens ne connaissent pas. Seul nous a paru en savoir quelque chose – sans rien vouloir en dire – un pompiste dont le rire édenté m'a rappelé le joueur de banjo dans le film que John Boorman a tiré du terrifiant roman de James Dickey, *Délivrance*.

Nous avons tourné en vain dans des paysages proches de ceux que l'on trouve en Norvège à hauteur du Cercle arctique. En rentrant, j'ai appris par le gardien, son mari, que la femme de chambre était une pure Indienne. Et sitôt qu'il l'eut dit, elle en eut la tête. Pourquoi avoir couru si loin ?

Montréal, le 18 octobre – Avons fui ce matin les Laurentides sous la pluie et le vent qui arrachaient et plaquaient au sol les derniers sequins des peupliers, les dernières pistoles des bouleaux. Au seizième étage de notre hôtel nous voyons maintenant le vent pétrir les nuages avec fureur au-dessus de cette ville tentaculaire, et l'entendons grogner, siffler, ronfler dans les interstices.

L'impression se renforce que le Canada urbain est soumis à la dictature de la consommation, que c'est un monde embourbé dans le sirop que composent les marchandises et leur publicité lancinante. Que nos partisans de la télé privatisée viennent donc passer ici deux ou trois soirées devant les récepteurs, et avec eux les professionnels du cinéma ! Ils verront vers quoi ils nous précipitent : ces films coupés quinze fois sans préavis et qui vous font passer de l'émotion à la cuisson, de l'aventure au homard surgelé, avec parfois un tel sens dans la liaison des images qu'on peut se demander si le fin du fin en marketing ne consiste pas ici à obtenir des insertions publicitaires qui tiennent compte des séquences interrompues. Je pense aussi aux exilés qu'on voit ici. Ceux qui viennent de l'Est européen en particulier. Ont-ils trouvé dans ce gavage et cet exhibitionnisme la société qu'ils espéraient, l'idéal qu'ils convoitaient quand ils étaient de l'autre côté du rideau ?

Montréal, le 19 octobre – Ce matin, petit déjeuner organisé par Mireille pour les libraires. Il en est venu une quarantaine – et c'est de l'avis de tous un exploit. Dans les commentaires, après le petit discours que je leur fais, je retrouve ce relent de jouissance que j'avais déjà perçu l'an dernier : une réussite éditoriale *hors Paris* les touche plus qu'une autre, il y a là comme une revanche pour eux qui connaissent la solitude des provinciaux de la francophonie.

Québec, le 20 octobre – En allant à Québec par un train qui klaxonne sans cesse pour avertir les usagers de passages à niveau sans barrières, peut-être ai-je compris aujourd'hui la raison des sentiments partagés – tendresse et exaspération – que m'inspire ce pays. C'est qu'en plus grand, en tellement plus grand, c'est la Belgique : le même bilinguisme vindicatif, le même américanisme déferlant, le même habitat, la même marée urbanistique, le même registre de paysages, la même tessiture dans la lumière, le même couple naïveté-professionnalisme dans les attitudes. "Le Québec, ai-je dit à Christine, c'est en somme une Belgique gonflable !"

Cet après-midi, pendant qu'au bar du château Frontenac une journaliste me posait des questions mille fois entendues, je regardais les transbordeurs traverser le Saint-Laurent et j'avais soudain le pressentiment d'avoir découvert une ville qui n'aurait pas eu honte de son passé, une ville que j'allais peut-être aimer.

Québec, le 21 octobre – Tout avait bien commencé, hier, avec la visite de quelques librairies où l'on aime nos livres et où on les expose. Un petit choc tout de même en constatant que la littérature "française" se trouve au rayon des livres... étrangers. Dans l'une de ces librairies, pendant que nous bavardions avec la gérante, par deux fois des clients nous ont interrompus, l'un voulait *La Lectrice*, l'autre *Arabesques*. Je n'étais pas peu fier.

Mireille nous a menés ensuite par les ruelles escarpées du vieux Québec. Hélas, ici comme ailleurs, comme à Athènes, Jérusalem, Arles ou Paris, ces quartiers réhabilités sont devenus la proie des promoteurs, des lupanars à bouffe, et pour ses attrape-touristes le lieu de prédilection d'un commerce futile.

Au château Frontenac, qui a de l'allure mais peu de style et aucun des multiples raffinements qui font le charme de *la Montagne* à Montréal, j'ai commencé à rédiger mes notes après avoir allumé une pipe. Soudain, assourdissante, l'alarme d'incendie a retenti. J'ai appelé le concierge. "Vous fumez, monsieur ?" m'a-t-il demandé. Pardi ! "Voilà pourquoi l'alarme s'est déclenchée. Mieux vaudrait ne plus fumer." La voix même de Big Brother !

Et ce matin, le réveil, que n'avait point neutralisé la femme de chambre, a sonné de manière hystérique à l'heure programmée par le précédent occupant... six heures. Mais cette fois il y a eu réparation : un théâtral lever de soleil sur le Saint-Laurent.

Déjeuner de presse où je retrouve Gilles Pellerin et Jacques Folch-Ribas. Je leur dis l'attente où nous sommes de bons textes québécois. Il doit bien y en avoir, non ? Alors, sur cette question, ils ont commencé à se bouffer le nez.

Une anecdote court ici. Dans un dîner officiel, il y a quelques années, une dame de la bonne bourgeoisie qui avait écouté passionnément Malraux se serait écriée à la fin du repas : "Ah, monsieur, vous devriez écrire !"

Montréal, le 22 octobre – Hier, en revenant de Québec, il y eut, à l'approche de Montréal, un moment de grâce quand nous avons vu apparaître et grossir dans la nuit le buisson lumineux de la ville. Comme New York vue de Brooklyn.

Elisabeth Marchaudon, la meilleure libraire de Montréal – qui, en toute simplicité, fait un tabac là où d'autres, dans les mêmes conditions, feraient un four – avait décidé de nous détourner de *la Montagne* et de nous installer chez elle. Mais quand j'ai ouvert les yeux, ce matin, les arbres ployaient sous la neige, les toits étaient coiffés de chapskas blancs et les voitures ressemblaient à des mastabas.

J'ai appelé Nina Berberova qui revenait de Washington tout émoustillée parce que deux des rencontres auxquelles elle devait participer à l'initiative de la *Literatournaia Gazeta* avaient été annulées in extremis au motif que les intervenants soviétiques, jugés trop staliniens, avaient été rappelés au pays. "Ça bouge, disait Nina, mais ça ne bouge pas assez vite. Gorbatchev est un lent..."

David Homel est venu que j'avais déjà rencontré à Bruxelles au cours d'un colloque sur la traduction littéraire et qui est l'auteur, avec Sherry Simon, d'un essai – *Mapping Literature* – à paraître dans quelques jours. Ce Canadien-Américain a écrit aussi un roman – *Electrical Storms* – qu'il m'apportait, et en prépare un autre, *Rat Palms*. Christine lui a promis de lire *Electrical Storms* avant de repartir et lui l'a regardée d'un œil incrédule.

Interrogé sur la littérature québécoise, David n'a dissimulé ni son scepticisme ni son pessimisme. "Il n'y a rien, dit-il, en tout cas rien de nouveau, rien d'alléchant. Aucune trace ici de l'obsession nourricière du grand roman américain."

Montréal, le 23 octobre – *Brunch* dominical au *Rive Gauche*, sur les bords du Richelieu, avec le directeur commercial et les représentants de notre diffuseur. Les ventes témoignent d'une belle accélération. Je les remercie de cet effort mais je ressens quelque difficulté à les intéresser aux livres eux-mêmes, à leur contenu. Ils ne paraissent motivés que par "l'aventure" d'Actes Sud. Toujours cet esprit de revanche à l'endroit de l'hégémonie parisienne ? Seule l'œuvre de Nina Berberova semble échapper à cette idée fixe. Ils sentent que, là, le filon est important. Le filon... quel terme. Il ne faudrait tout de même pas confondre Nina avec les mines du roi Salomon.

Christine a terminé la lecture d'*Electrical Storms*, m'en a fait lire des passages et me l'a raconté. Le sujet est violent, l'écriture ne l'est pas moins. C'est d'un écrivain. J'ai appelé David. "On publie ton livre." Il n'en est pas revenu. Ce moment où l'on signifie à un auteur l'acceptation de son livre est sans doute parmi les plus heureux dans la vie de l'éditeur.

Mirabel, le 24 octobre – Ce matin, levé à six heures pour rallier Ottawa sous la pluie avec Daniel Johnson et Mireille. Petit déjeuner avec une demi-douzaine de libraires de la ville et une journaliste de Radio Canada. Puis visite de librairies où le fonds de littérature est réfugié dans de modestes espaces de ces forteresses glacées construites pour les nouveautés tapageuses.

Entre Ottawa et Mirabel, vers quinze heures, arrêt au bord de la route pour écouter à la radio la diffusion de mon interview. Ce genre de situation me ramène aux jours anciens où je faisais mes délices de l'unanimisme cher à Jules Romains et des vertiges de la simultanéité.

Arles, le 26 octobre – Ce soir, participé au piquet devant l'un de nos cinémas où l'on projetait *la Dernière Tentation du Christ* de Scorsese. A Paris, une salle a été incendiée. Et le maire avait averti Jean-Paul Capitani qu'il fallait se méfier ici d'une secte du voisinage, "les Lions de Judas". Mais rien ne s'est passé. Ce n'est pas que les Arlésiens soient plus calmes, me suis-je dit, c'est sans doute que les intolérants hésitent davantage à se montrer dans une petite ville où il n'est guère possible de garder l'anonymat. Je m'étais installé dans la salle, près de l'entrée. Après une heure je suis sorti et j'ai poursuivi la faction dehors. Je n'en pouvais plus. Comment peut-on faire pareil fromage pour ce film prétentieux ?

Arles, le 27 octobre – François Mitterrand se trouvait en Arles pour le sommet franco-italien organisé par Michel Vauzelle. A la fin des cérémonies, Michel me l'avait assuré, le Président souhaitait passer par notre librairie. Mais les grandes gueules de la C.G.T. et des infirmières

en colère l'en ont empêché par leurs manifestations.

Paris, le 28 octobre – L'équipe de Pierre-Pascal
Rossi, de la télévision suisse, qui a fait, paraît-
il, de beaux portraits d'Auster, de Berberova et
de Shammas aux Etats-Unis, a débarqué ce
matin en Arles pour en brosser un de leur éditeur. Nulle question futile, une connaissance
évidente des livres dont ils parlent, et un sujet
dont ils ne s'écartent pas – en l'occurrence, la
connivence entre l'auteur et son éditeur.

Ce matin, deux heures d'attente à l'aéroport
de Nîmes, en suite d'une avarie dans la belle
mécanique de l'A 320. Déjeuner offert par
Air Inter, et je me retrouve à table devant Lu-
cien Clergue qui me parle de sa correspondance avec Jean Cocteau. "Les premières
lettres, me confie-t-il, c'était Jean-Marie Magnan
qui les avait écrites pour moi. C'était, ajoute-
t-il, comme pour Christian dans *Cyrano* !"

Marguerite Gateau, assistante d'Hélène de
Labrusse, m'interviewe sous l'œil du maître
pour faire une introduction à l'émission *Un
livre, des voix*, qui sera prochainement consacrée à Nina Berberova sur l'antenne de
France Culture. Chaque fois qu'on m'interroge avec une telle sensibilité, une telle connaissance des livres, c'est un peu comme si je
redécouvrais Nina, comme si je la rencontrais
pour la première fois.

En vol vers Stockholm, le 29 octobre – Le commandant de bord vient de nous fournir quelques explications sur le beau paysage maritime que nous survolons. Dommage qu'il confonde la Hollande avec le Danemark !

Je suis invité à participer à Stockholm à un colloque sur la traduction. Deux rangs devant moi, dans l'avion, se trouve un traducteur connu pour être en pétard avec tous les éditeurs qu'il a fréquentés. En ce moment c'est nous qui sommes dans le collimateur. Et pourtant, l'infréquentable bougre est un *bon* traducteur...

Stockholm, même jour – Arrivée mouvementée à Stockholm. La béquille de l'A 320 s'est brisée ou faussée à l'atterrissage et nous sommes restés plantés en bordure de piste jusqu'à ce que l'on vienne nous tracter. Deux incidents en deux jours, c'est beaucoup.

Il y avait ce soir un dîner chez les Grand Clément, dans un vieil appartement bourgeois où les verts tendres, sous les éclairages tamisés, m'ont fait penser à la demeure que je fréquentais jadis en cette ville, celle d'un oncle par alliance, amiral de la flotte suédoise et coureur de jupons. "Placez-vous comme vous l'entendez", a dit le maître de maison. Je me suis retrouvé à côté d'une blonde Scandinave, Birgitta Griolet, épouse d'un lecteur français à l'université de Göteborg, spécialiste connu de La Lousiane et du cajun.

Conversations d'usage, sur l'âme nordique, le climat provençal, les affinités franco-suédoises, la reine Christine et René Descartes... Puis discussion avec Carl Bjurström sur la nécessité pour le traducteur de trouver un ton, *le* ton, sous peine de voir les mots de la traduction ruisseler sur le texte traduit sans y pénétrer.

Soudain Birgitta, installée dans mon regard comme chez elle, m'a dit : "Vous devez aimer les histoires passionnelles et tragiques." Et sans autre motif s'est mise à me raconter celle d'une femme de sa connaissance... Cette femme, à la mort de son mari (elle est déjà dans la cinquantaine), découvre qu'elle n'a cessé d'aimer un autre homme, sexagénaire maintenant, qui reparaît à point nommé. Un grand amour tardif s'installe, "un magnifique été indien", dit Birgitta avec de la gourmandise dans les yeux. Pourtant ce miracle sentimental donne à la femme tant d'inquiétude – comme si elle trichait, comme si ce bonheur était injuste ou immérité – qu'il lui vient un ébranlement nerveux et qu'il faut l'hospitaliser. Sitôt averti, le sexagénaire se fait conduire à l'hôpital par un ami, le presse (allons, plus vite !), un camion leur coupe la route. "Il est mort dans l'accident", murmure Birgitta. Des larmes hésitent au bord des paupières scandinaves.

Stockholm, le 30 octobre – Ce matin, dans la paix dominicale, par un temps superbe et froid, Stockholm alignait ses façades, ocre et strictes, comme les praticables d'un théâtre de plein air.

Le colloque consacré au commerce littéraire franco-suédois a démarré. Les premiers orateurs ont voulu souligner le rôle qu'Actes Sud avait joué dans le retour de la littérature scandinave en France. Merci, messieurs. Quand mon tour est venu, j'étais en forme, moins sous l'effet de ces éloges que pour une raison secrète : j'avais résolu de dédier mon propos à Birgitta qui était là, dans le fond de la salle.

Pour sujet de ma communication, j'avais choisi une question : "Un livre traduit du suédois est-il d'abord suédois ?" Qu'ai-je dit au juste ? Que les habitants des rivages ont souvent plus d'affinités entre eux qu'avec ceux de leur arrière-pays, qu'il en va de même en littérature et que dès lors les classifications nationales ne sont ni les seules ni par nécessité les meilleures. J'ai dit que seule la complexité est riche, que rien n'est réductible à un signe, à une catégorie, et que les œuvres clignotent, fantasques et mystérieuses comme étoiles au firmament. J'ai dit encore que, passé la frontière, une littérature nationale devient à son tour étrangère et que du centre qu'elle paraissait occuper elle passe dans l'instant à la périphérie. Mais j'ai dit aussi, dans un repentir, que les œuvres suédoises, si dissemblables qu'elles soient, se signalent tout de même à nous par l'usage métaphorique du temps et du territoire, par le recours aux traditions et par l'usage de parlers qui obligent les traducteurs français à prendre des dispositions sémiologiques pour faire entendre des particularismes langagiers dont il n'y a pas d'équivalent chez nous. J'ai dit... je ne sais plus, le temps passait, une réflexion entraînait l'autre comme le carton perforé des limonaires...

Stockholm, le 31 octobre – C'était prévu, l'infréquentable traducteur repéré dans l'avion a eu son tour aujourd'hui au colloque. Il avait choisi de comparer le français au suédois et avec complaisance il a dénoncé "l'inexpressivité" du français et ses impuissances imagières – pour encenser la langue de nos hôtes, à laquelle il trouvait toutes les vertus.

Une vieille dame que j'adore, admirable traductrice de surcroît, Malou Höjer, lui a répondu en évoquant telles subtilités du français dont elle eût été curieuse de voir comment son interlocuteur les aurait traduites. Et par une longue énumération qu'elle avait choisie dans les métaphores animalières (poser un lapin, avoir une tête de linotte, tomber comme un chien dans un jeu de quilles, faire l'oie blanche, se montrer poule mouillée, etc.) elle a provoqué le rire aux dépens de l'autre.

Birgitta et Patrick Griolet étant requis par leurs enfants, suis allé dîner ce soir dans un restaurant italien avec Alexandrina Nistor qui a fui l'enfer roumain voici dix ans et est devenue suédoise. J'étais à la fois captivé et horrifié par les méfaits du "génie des Carpates"

dont elle m'entretenait de sa petite voix mo-
notone et roucoulante.

Stockholm, le 1er novembre – De cette ville
magique pour laquelle j'ai tant de prédilection je n'aurai presque rien vu car ce matin,
où j'aurais pu, il tombe, fin tissage, une neige
fondue des plus désagréable.

Une éditrice connue ici a fait la fine
bouche quand je lui ai parlé de Nina Berberova. Elle avait l'air de douter qu'un tel personnage existât qui lui serait inconnu. Il m'a
fallu quatre ans pour imposer Nina en France.
Il m'en faudra autant chez nos voisins.

En revanche, cette dame est devenue tout
miel quand nous avons parlé d'auteurs suédois dont nous lui achetons régulièrement
les droits. "Mais vous regretterez un jour de
n'avoir pas publié Berberova quand je vous
le proposais", lui ai-je dit. Elle a eu soudain
l'air de réfléchir. Qu'adviendra-t-il ?

Déjeuné au restaurant français des Halles
de Stockholm avec Thomas von Vegesack et
Agneta Markås. Voilà dix ans que je fréquente
cet homme qui a mon âge – il est même, je
crois, un peu plus jeune – et que je l'entends
avec émotion s'effrayer de la sénescence. Il
m'embrasse, c'est nouveau, et l'œil vif m'annonce qu'il ne travaille plus que trois jours
par semaine aux éditions Norstedt, consa-
crant le reste de son temps à l'écriture. Il a
l'air de dire : La recette du bonheur, la voilà.

Nos relations ont commencé quand, éditeur débutant, je lui ai acheté un petit texte de Stig Dagerman – *Automne allemand* – dont nous sommes à la sixième édition. Quelques années plus tard, Thomas m'a un jour appelé : "Lindgren, c'est pour vous, il faut miser sur Lindgren." Et je l'ai cru, et je ne m'en suis point repenti. Depuis lors, nos relations sont différentes. Mais elles ne suffisent pas à lui imposer Nina Berberova. "Nous publions si peu de titres non suédois", me disent en chœur Thomas et Agneta.

En vérité, les éditeurs suédois, dominés, depuis l'absurde abolition du système dit du "prix unique", par leur mécanisme de diffusion et victimes de la destruction du tissu de librairies, ne misent plus que sur les succès immédiats.

Arles, le 2 novembre – Dans un article consacré à Berberova, Claude Mauriac, ce matin, crie au chef-d'œuvre. La dernière sélection Médicis vient de tomber. Nina y est toujours. Et ce soir, à la télévision, Michel Polac, entouré de femmes – Laure Adler, Isabelle Huppert, Benoîte Groult et Nathalie de Saint-Phalle – présente avec gourmandise *le Roseau révolté*. C'est Laure qui en parle avec le plus d'intelligence, et Isabelle avec le plus de sensualité. Elle lit les pages qu'elle a aimées. Et l'on sent qu'elle voudrait les lire toutes. De quelle voix ! Il faut que je téléphone à Nina, les signes ne trompent pas : pour employer le langage des stratèges éditoriaux, "la mayonnaise est en train de prendre".

Au Paradou, le 6 novembre – Dimanche, journée que je m'efforce d'aborder dans la méditation. Cette fois – serait-ce parce que j'ai lu fort tard cette nuit le roman picaresque et profus d'Orsenna, *L'Exposition coloniale*? – il m'est apparu que la vie tenait du voyage circulaire et que j'en étais maintenant en ce point du périple d'où l'on commence à entrevoir dans la brume le port dont on est parti, sachant que la fin sera proche, autant dire imminente, quand le rivage apparaîtra dans toute sa netteté.

Suis allé voter au village pour le référendum sur la Nouvelle-Calédonie. Les isoloirs sont vides. Les scrutateurs feraient bien une belote avec le président. Qu'en ont-ils à foutre, disent leurs regards plus que leurs mots, quand je les interroge sur la participation : Allons, soyons sérieux, l'indépendance à ces cannibales ?

Notre attachée de presse téléphone à Yves Berger. "Le Médicis étranger pour Berberova ? Mais tu rêves, ma chérie, il est pour Le Seuil, pas pour Actes Sud." Ah…

Le moment est venu d'écrire pour *la Gazette d'Actes Sud* un éditorial sur *l'Invention de la solitude* de Paul Auster que nous sortons ce mois-ci dans la traduction de Christine. Dans ces éditoriaux, je m'efforce de dire – aux journalistes, aux libraires, aux bibliothécaires, aux lecteurs – pourquoi je publie les livres que j'aime. Mais l'envie me prend cette fois de revenir d'abord sur cette notion de littérature "étrangère" – un rien ségrégationniste, il faut l'avouer – qui n'a pas fini de me gêner. Je pense à ce que j'ai dit à Stockholm : que toute littérature devient étrangère sitôt qu'elle franchit ses frontières. J'aimerais souligner avec force que l'*étrangéité* importe moins que d'autres valeurs. Il y a, certes, une littérature "américaine" dans laquelle s'inscrit, flamboyante, l'œuvre de Paul Auster. Pour autant, je ne suis pas certain – même si la tradition y est sensible, même si la présence du territoire (New York) y est constante – que les livres d'Auster sont pour l'essentiel définis par leur américanisme. J'ai plutôt le sentiment que ces livres, où passent des effluves de Kafka, de Beckett et d'autres, ont ce caractère *transversal* que je tiens pour l'une des conditions de la littérature contemporaine. Eh bien, mon édito, le voilà amorcé...

Au Paradou, le 11 novembre – Hier soir, dîner chez le maire, Jean-Pierre Camoin. Au dessert, il nous avoue que "les Lions de Judas", contre lesquels il avait mis Jean-Paul en garde au moment où nous projetions *la Dernière Tentation du Christ*, relevaient de son imagination. Persuadé que rien n'arriverait dans sa ville, il nous avait monté ce canular pour se gausser de nos craintes. L'humour est trop rare chez les politiques pour ne pas l'apprécier.

C'est aujourd'hui que se sont ouvertes les Assises 1988 de la Traduction littéraire. "Arles a-t-elle une rue Amédée-Pichot ?" demandait Valery Larbaud (in *De la traduction*, Actes Sud, 1984). Eh bien, non seulement, au traducteur de Byron, Thomas More et Charles Dickens Arles a donné une rue et dédié une fontaine récemment débarrassée de la crasse urbaine, mais elle accueille depuis 1984 ces assises dont je fis proposition à Jean-Pierre Camoin à cette époque, en compagnie de Laure Bataillon et d'Annie Morvan. Une rue, une fontaine, c'est bien le moins pour honorer la mémoire d'un de ces traducteurs sans lesquels nous ne saurions rien des grandes voix dites étrangères.

Arles, le 12 novembre – Jacqueline Risset a ouvert les Assises de la Traduction littéraire par une exposition de ses difficultés et de ses bonheurs de traductrice de Dante. En l'écoutant, je me suis souvenu des séminaires que j'animais jadis sur les relations de la conduite avec le langage, et de ce schéma par lequel je montrais qu'entre le mot et la chose il n'y a jamais coïncidence de type mathématique, mais que l'un outrepasse l'autre, de telle sorte qu'une part du mot, se détachant de la chose, tend vers ce qu'on nomme le *psittacisme*, tandis qu'une part de la chose demeure dans l'ombre, devenant dès lors part de mystère. Ainsi, me suis-je dit, en va-t-il de la traduction qui, en même temps, apporte des brillances qui ne sont point dans l'original, et en occulte dont celui-ci garde le secret.

L'évidence en a d'ailleurs été soulignée dans le débat consacré aux nouvelles traductions de Freud. Il est en effet apparu que le souci de "littéralisme" avait conduit les traducteurs à des étrangetés de langage qu'on ne trouve pas chez Freud. Ils avaient pourtant exposé, à l'ouverture de ce débat, que "l'étrangèreté" de la langue était renforcée par la manière dont l'auteur l'*habite*. Et la manière dont le traducteur habite la sienne, qu'en faisaient-ils ? Avec un bon sens d'humaniste, Bernard Lortholary les a finement questionnés sur ce point.

Noté au vol une expression qui m'enchante – *l'ébriété de la langue* – superbe formule pour parler du texte quand on est dans l'ivresse de la gésine !

Arles, le 13 novembre – Au banquet final des Assises, qui se tenait, à l'invitation de Jean-Pierre Camoin, au Vaccarès, je suis revenu sur mon idée de consacrer les prochaines assises au théâtre et à une réflexion sur ces notions dont la proximité est riche d'ambiguïté : interprétation/traduction. J'ai suggéré de surcroît que, pour mieux animer de tels débats, on proposât à Antoine Vitez une coproduction avec la Comédie-Française. Mais, je l'ai vu dans leurs regards, les Parisiens n'aiment pas tant les suggestions qui ne sont pas de leur cru.

Au cours du repas, B. a rappelé l'histoire que je racontais en revenant de Vienne, à propos d'une coupure à l'effigie de Freud (27 avril). "Notre ami est gouverné par ses fantasmes, a-t-il dit, j'ai vérifié : il n'y a pas de coupures autrichiennes à l'effigie de Freud !" J'ai eu beau protester, j'ai bien senti que les autres penchaient pour la version de B. plus que pour la mienne. Tu ne perds rien pour attendre, me suis-je dit...

Paris, le 14 novembre – Suis passé chez Grasset pour déposer le manuscrit définitif de mon roman, *les Ruines de Rome*. J'avais mal choisi mon jour qui est celui de l'attribution des Prix Goncourt et Renaudot. A onze heures, rue des Saints-Pères, on était inquiet, on ne tenait plus en place. Chemise amidonnée, ouverte jusqu'au nombril, B.H.L. tournait en rond, regard fixe, mâchoires serrées. Je me suis esquivé.

A une heure les jeux étaient faits. Erik Orsenna avait le Goncourt et cédait à René Depestre le Renaudot que le jury lui avait attribué à la veille du week-end.

Danièle Sallenave est venue signer rue de Savoie le service de presse de ses *Epreuves de l'art*. Nous avons parlé de traduction, des excès des littéraristes et des littéralistes, puis dévié sur les interdits qui font à la littérature tant de mal, qu'il s'agisse de ceux du nouveau roman, de Duras prétendant tordre le cou au social-balzacien ou de Sartre déniant à Mauriac le droit de se prendre pour Dieu et de se confondre avec ses personnages. J'ai dit à Danièle : "En fin de compte, il n'est à tout ce fatras qu'une réponse de bon sens, et elle est dans Flaubert – *Madame Bovary, c'est moi.*"

Bruxelles, le 15 novembre – Une centaine de personnes ont écouté ce soir l'éditeur répondre, à la librairie *Tropismes*, aux questions indiscrètes d'un journaliste et d'un libraire. Pierre Mertens est intervenu pour dire que le moindre mérite d'Actes Sud n'était pas la qualité des traductions. "Ils sont si nombreux, a-t-il ajouté, qui assassinent les œuvres par des traductions bâclées."

Dîné à *la Taverne du Passage*, le *Lipp* bruxellois, en compagnie de Françoise et Jean-Paul, avec l'équipe de Labor pour sceller l'accord de coédition d'une collection de poche – *Babel*. Au premier catalogue nous inscrirons Nina Berberova, Torgny Lindgren et quelques autres à côté de leurs Maeterlinck, Rodenbach, Simenon.

Bruxelles, le 16 novembre – Françoise et Jean-Paul se sont envolés pour Montréal où s'ouvre demain la Foire du Livre. Françoise est ma fille mais, depuis que nous nous sommes associés dans l'aventure d'Actes Sud et que je lui en ai confié la direction, avec l'idée d'assurer le devenir de l'entreprise, le lien familial s'estompe souvent dans la communauté du travail. Il faut certaines réunions de la tribu, un anniversaire ou des départs comme celui-ci pour que reflue le sentiment paternel, pour que la vague me submerge à nouveau et que, feuilletant les pages de mes carnets, je m'aperçoive que Françoise, à peine plus visible qu'une ombre, les hante pourtant presque toutes.

Dans le beau matin froid, j'ai retrouvé l'immuable Grand-Place qui avait arraché à Le Corbusier une exclamation que les Belges ne lui ont pas pardonnée, quelque chose du genre : Quelle belle salle à manger ! Et puis aussi l'hôtel du Miroir hanté par le souvenir de Baudelaire. *On n'a jamais connu de race si baroque...* Et quelques petits coins secrets de mon adolescence que je ne montre qu'à de très chères.

A onze heures, dans un des salons dorés du *Métropole*, conférence de presse – tardive, puisqu'il s'agissait de célébrer ici notre dixième anniversaire. Une compagnie de journalistes, des libraires, quelques auteurs parmi lesquels Pierre Mertens, Maurice Barthélemy, Guy Lesire, Marian Pankowski, des traducteurs et des visages soudainement ressurgis d'un passé qui me paraît toujours relever d'une autre vie. J'ai parlé de nos accomplissements, de nos ambitions mais surtout des liens secrets que je gardais avec ces lieux belgicains. La fidèle Michou, venue de son Valenciennois, m'a conduit à la gare dans une ville inquiète parce que la police est en grève.

Arles, le 18 novembre – Les négociations avec de nouveaux partenaires financiers ont abouti. Actes Sud verra pour la fin de l'année une augmentation importante de ses fonds propres sans que pour autant les fondateurs perdent leur majorité. Il est important que les bruits de tiroir-caisse ne couvrent pas le murmure des textes.

Au Paradou, le 20 novembre – Dimanche matin. Le mas Martin tangue dans le mistral et scintille au soleil. Dans quelques heures, répondant à une invitation de l'Institut français de Varsovie, j'affronterai le froid de gueux des Polonais. Une si longue habitude des voyages n'empêche pas que chaque départ est une déchirure. Ce matin, je sens mieux que jamais l'importance de ce lieu qui tient à ce qu'il ne se compare à rien. Il me serait désormais insupportable de vivre dans l'un de ces endroits dont on dit : Ça me rappelle... on pense à... c'est comme si... on se croirait à... Ici, c'est le mas Martin, et il ne renvoie qu'à lui-même, à ses pierres et à son économie, elles aussi biséculaires.

En vol vers Varsovie, même jour – J'avais imaginé qu'un vol Air France du dimanche soir à destination de Varsovie n'emmènerait qu'un nombre restreint de voyageurs. Ah, ouiche... Foule. Bousculade à l'enregistrement. Les ordinateurs étaient en panne. Pas d'attribution de places. On jouait des coudes.

J'avais rempli ma fiche de police de manière fort peu lisible. Quand je suis énervé, c'est mon écriture qui le révèle en premier. "Profession ?" m'a demandé la jolie fliquette de service qui n'arrivait pas à me déchiffrer. "Editeur." Alors, elle, de l'ironie dans les mirettes : "Heureusement, n'est-ce pas, qu'on a inventé l'imprimerie !"

Ce n'était pas un vol Air France et me voici dans un vieux Tupolev aux filets encombrés de ballots comme seuls en coltinent ces gens qui, à jamais, me rappelleront les *personnes déplacées* de l'après-guerre.

Pas un magazine, pas une carte, pas le moindre imprimé. Que pourrions-nous apprendre, s'il y en avait, que nous ne devrions pas savoir ? Ou bien la pauvreté impose-t-elle cette économie de papier ?

Varsovie, même jour – Première et désagréable impression : pour monter dans l'avion, en descendre, passer à la police et à la douane, une brutalité sans nom, chacun pour soi, toute place entrevue est bonne à prendre.

Pierre Comte, directeur de l'Institut français (il y a du Jules Berry dans sa physionomie), m'a cueilli à l'aéroport et conduit chez lui, une villa dans le Neuilly de Varsovie, où il habite seul avec Gaston, un fox-terrier dont les mœurs me paraissent étranges. Tout de suite j'ai été conquis par la courtoisie du maître de maison, par sa simplicité, ses mille attentions, et aussi par sa manière d'évoquer tant d'amis qui nous furent ou nous sont communs : Max-Pol Fouchet, Jean de Maisonseul, Pierre Gascar, etc. Dans la petite cuisine, nous avons dîné de poulet froid, de salade superbement dressée et d'un vin bulgare ma foi guilleret. J'étais incapable ce soir de comprendre que j'étais en Pologne, encore moins à Varsovie, ville mythique.

Varsovie, le 21 novembre – C'était hier, malgré le mistral, la douceur des bleus et des argentés dans le décor des Alpilles. Ce matin, en ouvrant les rideaux, ce fut comme à Montréal : ciel de plâtre et ciment sur un décor pareil à ceux de mon enfance, en hiver. Mais où suis-je donc ?

Hier, Pierre Comte me disait que la Pologne se trouve moins dans le territoire que dans la tête des Polonais. Malmenés par l'histoire, ils emportent leur patrie comme ces menues possessions dont les errants ne se défont jamais. N'est-ce pas Jarry qui, à propos d'*Ubu roi*, a dit : "L'action se passe en Pologne, c'est-à-dire nulle part."

Cracovie, même jour – Commencé la journée, en compagnie de Comte, par quatre heures de voiture sur des routes enneigées, verglacées, boueuses, à travers des paysages d'abord étales puis légèrement vallonnés, rendus par les plaques de neige pareils à des paquets de linge sale sur lesquels se dépose le ciel gris, avec, de temps à autre, des bourgades délabrées, des fermes estropiées et, tout au long du chemin, des camions antédiluviens, des charrettes tirées par des rosses épuisées, des piétons que leurs haillons rendent tous pareils. Je n'aime pas cette Pologne qu'*ils* ont faite, je lui en veux d'être si laide, si misérable, si étrangère à son image, si fermée, si perdue. A l'arrivée, je constate que la boue, gelant, s'est cristallisée sur les flancs de la voiture en roses et coquillages couleur de merde.

La "belle" Cracovie n'est sans doute pas laide au soleil, mais dans le crépuscule de midi, en novembre, cette ville désormais papale fait plutôt garnison du désespoir. Point d'ocre sur les façades baroques, mais la lèpre provoquée par les fumées des aciéries de Nowa Huta.

Pierre Comte et Victor Cherner, le directeur de l'Institut français local, m'ont tout de suite amené au quartier juif. De cette ville qui a miraculeusement échappé à la destruction, c'est la seule partie qui soit rasée. Et qu'on ne l'ait point encore reconstruite, qu'après bientôt un demi-siècle on la maintienne en l'état, et mieux encore, qu'on affirme que sa réhabilitation (jamais le mot ne sonnera plus juste) fera de ce terrain vague, en 2050, le cœur de la cité, voilà qui en dit long sur la manière d'entretenir, comme à Berlin-Est, le souvenir de la guerre et peut-être de favoriser la survivance de l'antisémitisme.

Rapide incursion, ensuite, au petit cimetière juif. Le plus bouleversant, c'est le mur d'enceinte composé avec les morceaux des pierres tombales brisées par les Allemands. Sinistre et belle mosaïque de la profanation...

En sortant du déjeuner – enfin goûté de la fameuse carpe au sucre qui est délectable – il faisait nuit. On m'a conduit à mon hôtel. A la réception trônaient quatre femmes. La première téléphonait (deux heures plus tard, quand je suis ressorti, elle téléphonait toujours), la deuxième regardait la première, la troisième regardait la quatrième, une créature sortie de l'atelier de Nikki de Saint-Phalle qui croque les passeports et crache les clefs puis, une autre fois, croque les clefs et crache les passeports.

Ma chambre ressemble à celle que Bergman avait choisie pour tourner *le Silence*. Plafonds hauts, tapis élimés, lustre de seize chandelles dont quatre seulement s'allument, luxe risible, température de sauna et des tentures de velours, aussi longues que la pièce est haute, qui sont suspendues par de petites pinces de cuivre et se sont effondrées quand j'ai voulu les fermer. Les voisins, dont les fenêtres sont à moins de trois mètres des miennes, de l'autre côté de la ruelle, pourront donc assister en spectateurs à mon coucher puisque aussi bien je plonge, moi, de manière bien gênante, dans leur cuisine. Mais c'est l'hôtel – on a pris soin de me le dire et redire – où Balzac a sauté Mme Hanska... l'hôtel *Pod Roza*, dans la Florianska !

Ai-je bien parlé de l'édition française, ce soir, devant les quelque cent personnes qui étaient assises entre les piliers soutenant le plafond de ce vieil institut ? "Oui, parfait, dit, un peu rude, Pierre Comte qui maintenant me tutoie. N'as-tu pas reçu un bouquet de roses et de gerbéras ?" C'est vrai – et d'ailleurs, ce bouquet, que vais-je en faire ?

Au vin d'honneur qui a suivi, rencontré Jan Jozef Szczepanski, ancien président en disgrâce de l'Union des écrivains, et, parmi plusieurs éditeurs, André Lewicki, responsable de la section romane dans une grande maison. Il prétend jouir d'une certaine liberté alors qu'après deux ou trois questions je me rends compte qu'ici, comme en Allemagne de l'Est, la censure passe par le contingentement du papier. On peut sans doute publier ce que l'on veut, mais on n'est en mesure de le faire que pour des œuvres à l'intention desquelles on a reçu le précieux papier. Cette hypocrisie...

André Lewicki m'apprend aussi qu'un éditeur polonais, dès qu'il a repéré une œuvre étrangère qu'il voudrait un jour publier, en fait déclaration au ministère sans attendre de savoir si les droits sont disponibles. C'est que l'autorité du premier inscrit est reconnue et protégée par ce ministère. Aussi a-t-il l'intention, demain, avant que je n'arrive à Varsovie et ne voie ses confrères de la capitale, d'envoyer une déclaration relative à l'œuvre de Nina Berberova dont je leur ai parlé ce soir.

Il y a eu, pour finir, un dîner dans une sorte de Hilton où je me suis retrouvé en compagnie de quelques jeunes et belles femmes dont les arrivants ne cessaient de baiser les mains. De mes conversations avec elles, il ressort que je n'ai rien vu et ne verrai rien d'une ville dont les charmes discrets sont réservés à ceux qui prennent le temps d'y rester (elles parlaient de la ville, mais j'avais l'impression qu'elles me parlaient d'elles-mêmes). Elles me soufflent aussi que la morosité a pris la succession de la révolte, que tout va mieux et que, cependant, tout va mal. Les hommes – des écrivains mais aussi d'autres, au statut indéfinissable – me disent qu'il y a cinquante entreprises qui seraient prêtes à démarrer dans l'édition privée si elles avaient accès au papier, mais ils ajoutent que si la vente de celui-ci était libre, il irait au plus offrant, et ce serait à coup sûr l'Eglise. Puis les femmes reprennent la parole pour affirmer que la question juive demeure comme une plaie ouverte, que... (et là, elles se sont toutes accordées) le génie de Bruno Schulz est immense.

Cracovie, le 22 novembre – Six heures trente. Aube pâle sur neige fraîche. Nuit Parmentier, plusieurs fois hachée par des rugissements d'ivrognes dans la ruelle, par l'impression soudaine que j'avais oublié de me lever, puis

par des racleurs de trottoir fort matinaux.
Dans quel état serai-je ce soir pour ma seconde conférence ?

Je suis vraiment en train de regarder la Pologne par le trou de la serrure. Ce que j'y vois ? Mais c'est évident, et les belles demoiselles d'hier soir avaient raison ! J'y vois la Pologne de Bruno Schulz, les personnages inquiétants et obséquieux de Bruno Schulz, les courbettes, les baisemains, les regards par-dessous des futurs morts de Bruno Schulz...

Varsovie, même jour – Interminable retour, quatre cents kilomètres sur un ruban verglacé, avec un lave-glace en panne et le chauffeur – Stache – qui finit par ne plus rien voir à travers le pare-brise, s'énerve et risque la carambole. Pierre Comte est de fort méchante humeur. Il a aussi mal dormi que moi, et pris froid. Il parle de quelques auteurs français dont mieux vaut ici ne pas citer les noms. "Ce sont des avions qui roulent, qui roulent, qui roulent, dit-il, et ne décollent jamais." L'image me plaît.

A Varsovie, sans perdre un instant, on se précipite à l'ambassade de France. Nous avons du retard avec cette fichue route, et le conseiller culturel nous attend depuis un moment déjà avec son invité d'honneur, Andrzej Kusniewicz. Celui-ci a connu Arles dans les années vingt – et tout de suite me demande si je sais qu'Alyscamps veut dire "Champs

Elysées"... Il s'est battu dans la résistance. Capturé, il est passé par Mauthausen comme Jean Cayrol, et il y portait l'étiquette du "retour indésirable". Ce vieillard minuscule qui en a tant vu, cette fourmi au nez d'aristocrate qui parle en broyant joyeusement les *r*, me dit son plaisir d'être édité chez nous. Lisowski, un traducteur que j'ai déjà rencontré, approuve bruyamment. Et aussi, mais avec plus de discrétion, la belle Scarlett Reliquet, épouse du conseiller.

Varsovie, même jour, minuit – Chez Pierre Comte. Etrange désir de noircir les pages de mon carnet alors que je suis presque soûl (comme un Polonais ?) pour avoir absorbé ce soir tant de vodka et de champagne. Que disait donc cet intervenant aux Assises de la Traduction littéraire en Arles ? Il parlait de *l'ébriété* de la langue... Ce doit être quelque chose qui est proche du plaisir que j'éprouve en ce moment à tanguer sur la ligne d'écriture.

Pour ma conférence à l'Institut français, salle comble. Mais le chauffage était tombé en panne dans l'après-midi. Je voyais les femmes se serrer dans leurs fourrures, les hommes s'entourer le cou de leur écharpe et je n'ai pas quitté mon anorak. "Ainsi, leur ai-je dit en préambule, il ne suffit pas que je doive vous intéresser aux devoirs et aux plaisirs de l'éditeur, il faudrait encore que je sache vous réchauffer un peu..." M'écartant de la ligne que je m'étais tracée, j'ai donc commencé par leur parler du commerce amoureux avec l'objet-livre. "Le doigt se glissant entre deux feuillets d'un papier satiné pour tourner la page, n'est pas un geste tout à fait innocent." Et cette phrase-là, maintenant, dans la nuit, me paraît d'une terrible obscénité. Il m'a bien semblé en tout cas que les joues rosissaient un peu et que la température s'élevait. La conférence finie, il y a eu des applaudissements, quelques bravos lancés comme des fleurs à un ténor, des embrassades polonaises. Je m'étais donc donné en spectacle ?

Quand nous sommes arrivés chez lui pour la réception qu'il y avait préparée, Pierre Comte m'a pris dans ses bras et m'a fait compliment pour ce qu'il appelle mes "pirouettes" d'improvisateur. Puis il m'a présenté de schulziennes beautés avec lesquelles j'ai commencé à boire, préférant leur babil coruscant aux phrases savantes dans lesquelles quelques convives en mal d'édition tentaient de m'enrober. J'ai commencé à entrevoir cette Pologne intime, sensuelle, complice que m'avait évoquée jadis une belle émigrée pour laquelle j'avais eu de la passion.

Parmi quelques hommes qui avaient fini par s'introduire dans le cercle amoureux, il y en a un au moins qui a retenu mon attention. Celui-là, âgé, petit, le visage agité de tics, a promis de m'apporter demain un livre qui paraît ces jours-ci à Varsovie, un roman intitulé *le Cavalier polonais*, où passe son expérience multiple d'homme qui a partout roulé sa bosse, eu rang d'ambassadeur, goûté aux délices de la fortune et fait l'amour, dit-il, sous tous les arbres du monde. Mis en verve, et nous avec lui, il s'est mis à raconter l'autre livre, qu'il vient de commencer – *La Rose de Tchernobyl* –, l'histoire d'une aristocrate de cette ville qui, du temps de la Terreur, se fit décapiter par solidarité avec les nobles victimes de Mme Guillotin. *La Rose de Tchernobyl*... il faut le faire ! Pierre Comte m'assure que Wladyslav Grzedzielski est en ce moment la coqueluche de Varsovie.

Varsovie, le 23 novembre – Repentir de belle infidèle ? La ville a changé de parure. Je me suis éveillé dans une aube dorée, et maintenant la lumière ruisselle sur les toits et les trottoirs enneigés. Je me promets tant de plaisir à voir Varsovie dans la lumière que j'en oublie ma gueule de bois.

On dira encore que je voyage comme le Plume de Michaux, lequel d'abord "songe aux malheureux qui ne peuvent pas voyager du tout, tandis que lui, il voyage, il voyage continuellement". Mais quand j'ouvre mon carnet, comme ce matin, au petit déjeuner, pendant que Pierre ronchonne parce qu'il a dû se lever à cinq heures du matin, je vois que j'en ai plus appris sur la littérature polonaise en deux jours et deux soirées qu'au cours des dernières années. Et rien jamais ne remplacera le charme de cette métamorphose qui, d'une Pologne haïssable dans les premières heures, a fait une Pologne désirable. "Tu reviendras bientôt", me dit Pierre. Ainsi parlaient hier soir les yeux de Maria, l'une des belles invitées.

Ce matin, Pierre Comte m'a conduit, le long d'avenues aux immeubles neufs mais au style ancien, jusqu'à la vieille ville reconstruite d'après les toiles de Canaletto. Place du Marché, les façades sont encore recouvertes d'échafaudages qui permettent aux peintres et aux décorateurs d'achever leurs décors en trompe-l'œil sur des façades dont le soleil fait chanter les pastels et les ocres. Mais cette conjonction de l'exécution moderne avec des modèles anciens a suscité en moi une sorte de malaise, un peu comme si plus rien n'avait de vérité et que la réhabilitation fût là pour quelques représentations seulement. Et puis, en cette vieille ville si minutieusement reconstituée, je songeais au ghetto disparu, que plus rien ne rappelle, et à celui de Cracovie, plaie boueuse...

Coup d'œil aussi à la cathédrale où je fus moins attiré par la reconstruction que par les dévots de tous âges et des deux sexes, agenouillés à même le carrelage, devant des représentations pieuses dont ils étaient séparés par des grillages.

Puis, arrêt devant le nouveau monument consacré à la déportation juive, tout de marbre blanc, qui rappelle que c'est en ce lieu, la *Umschlag Platz*, que les victimes vouées à l'holocauste étaient rassemblées avant le départ pour les camps. Leur souvenir est ici rappelé par une longue litanie de prénoms gravés dans le marbre.

Enfin, visite inoubliable au cimetière juif, une forêt de tombes et d'arbres enchevêtrés, tordus et noirs, qui ont l'air de danser au soleil, dans la neige. Devant certaines tombes, de petits bancs sont disposés pour inviter au dialogue avec les disparus. Mais ce matin, Pierre et moi exceptés, les seuls visiteurs, des habitués à coup sûr, étaient de gras et méprisants corbeaux au plumage lustré.

Ultime rencontre. Vers midi. Avec les responsables de la revue *Literatura*. Criblé de questions, en particulier sur nos ouvertures et nos aptitudes sociologiques, harcelé ensuite de suggestions, de noms que j'ai du mal à prendre au vol (la Pologne est soudain peuplée d'écrivains), je suis pris à témoin de "l'audace" et de la qualité des numéros de *Literatura*.

"Et la perestroïka, la glasnost, n'ont-elles point de résonance ici ?" J'ai sorti de ma sacoche le livre d'Elena Joly : *La Troisième Mort de Staline* et noté le fugitif sursaut dans les regards de ceux qui avaient l'air de vouloir protéger la vertu communiste. "Gorbatchev ? Oh, non !" Ils ne croient pas qu'il va rester. Trop d'opposition. Et en premier, sans doute, celle de l'Allemagne de l'Est qui ne permettra jamais...

Même jour, aéroport de Varsovie – C'est à la multiplicité des contrôles (encore suis-je accompagné d'officiels), à la pauvreté des installations de transit et à l'odeur très conventuelle des bureaux que le voyageur d'abord reconnaît l'empreinte socialiste.

Avant qu'on se quitte, Maria m'a demandé de lui dédicacer, en éditeur, *le Laquais et la putain* de Nina Berberova, et ainsi ai-je pu voir qu'elle avait les mêmes et grands yeux noirs que la demoiselle de Van Dongen sur la couverture du livre.

Même jour, en vol vers Paris – Cette saloperie de Tupolev, avec son nid de mitrailleur dans le nez, tangue tel un chalutier, et les nuages au-dessous ressemblent à une mer irritée. Toujours pas de carte, de revue, de journal. S'interroger sur le rôle de la laideur, de l'inconfort et de l'inquiétude dans l'éthique communiste. Il arrive à Nina Berberova d'y faire allusion.

Arles, le 24 novembre – Yves Delange, droit et un peu fou comme les palmiers dont il est le berger dans les serres du Jardin des plantes à Paris, est venu en compagnie de Geneviève, toute transie par le mistral qui aiguise les pierres de la ville.
Christine, Sabine et Kirsten se sont jointes à nous pour le dîner. Et le miracle que j'espérais n'a pas tardé : sensible à la compagnie des femmes, Yves a enchaîné les anecdotes les unes aux autres, distribuant le mystère avec les hybrides, l'inquiétude avec les champignons vénéneux, le frisson avec les plantes

carnivores, l'exotisme avec les succulentes, la drôlerie avec les palmiers casseurs de vitres. A son bonheur de raconter s'ajoutait celui d'avoir reçu les épreuves de son petit récit, *Eudora*.

Au Paradou, le 25 novembre – Rentré d'Arles à minuit, exténué après onze heures (oui, onze) dans la compagnie d'O. qui a déboulé avec six kilos de manuscrits, des recettes littéraires un peu folles, des mots irrésistibles, des rosseries impayables à l'endroit de quelques barons de l'édition et de quelques majordomes de la presse, et une sensualité incandescente. Quand on s'est quittés, elle m'a dit, sur la berge du Rhône : "Attention, Hubert, n'allez pas vous imaginer qu'avec moi vous vous paierez une danseuse. D'autres ont essayé qui s'en sont repentis." Eh bien, me voilà prévenu !

Au Paradou, le 26 novembre – Avec Françoise et Sabine, course joyeuse vers Toulon pour la petite fête que nous imaginions à la Foire du Livre installée sous un chapiteau. La fête ? Plutôt la cohue, le bruit, la pagaille, les papiers qui flottent, la frite qui empeste. René Allio et Jean Jourdheuil, qui étaient venus à Toulon pour signer *Un médecin des Lumières*, regardaient défiler des cohortes qui n'avaient d'attention que pour les vedettes de la télévision.

Après le déjeuner auquel nous étions conviés dans un restaurant du port, les organisateurs ont demandé aux écrivains de se rassembler, leur livre à la main, devant l'un des bassins, afin de prendre la photo du souvenir. Je les ai regardés, ces géants de la littérature qui jouaient des coudes pour se trouver au premier rang : il y avait là Linda de Souza, Joseph Paoli, Roger Gicquel, Sulitzer, José Artur et quelques autres plus immortels que s'ils étaient de l'Académie française.

Paris, le 30 novembre – Déjeuné avec Anne Walter dont je ne suis jamais très éloigné car elle m'envoie chaque semaine des lettres qui, d'une écriture aussi économe que celle de ses livres, et avec d'identiques fulgurances, font pour moi réflexion sur le monde, les rêves, les gens et ses projets. Et quand nous nous sommes mis à table, aujourd'hui, j'avais l'impression de continuer notre correspondance. Aucun de ces événements qui donnent à ses livres leur cadence, rien, non vraiment, me disait-elle, n'a été par elle vécu, rien n'est là qui serait d'ordre autobiographique. J'ai cherché dans ses yeux clairs, dans son beau sourire, s'il n'y avait pas plus de malice que d'innocence. Non, c'est bien comme elle le dit : "Je me laisse envahir, déposséder, diriger. Par le rêve, par la méditation. Je suis une terre d'asile... Mais suis-je un écrivain ?" Si elle est un écrivain ? J'en connais peu qui mettent tant de soin et de détermination à faire jouer la transparence de l'écriture. Ces événements dont elle parle paraissent se dérouler derrière une vitre. Sa fascination pour les aquariums...

Visite à Antoine Vitez avec Georges Banu. Le bureau de l'administrateur de la Comédie-Française est de ceux où tout de suite la tradition impose sa loi, sa nécessité. Les fraternels tutoiements d'Antoine n'y sonnent pas comme à Chaillot. "La difficulté, dit d'ailleurs Antoine, ne fut pas d'entrer ici mais de quitter Chaillot." La discrétion d'Antoine est peuplée d'énigmes qui, plus tard, s'ouvrent comme de grandes fleurs insoupçonnées.

Paris, le 1er décembre – Invité à *Musique Matin*, j'ai parlé de la musique imaginaire où je me sens plus à l'aise que sur les traces des spécialistes qui défilent dans ce studio. Ainsi ai-je évoqué les silences, après la mort de Solveig, dans *l'Oratorio de Noël* de Göran Tunström, le duo du profane et du sacré dans *le Chemin du serpent* de Torgny Lindgren, les airs dans lesquels *l'Accompagnatrice* de ma chère Nina exerce son talent, l'interview imaginaire qu'un imaginaire musicologue fit de Walter Jonas, dans *le Monde de la musique*, après la parution du roman de Baptiste-Marrey...

Visite à Jacques Chancel, dans son bureau de l'avenue Montaigne. Comme souvent, je vais pour parler de livres que je suis en train de défendre, et c'est notre vieille amitié qui reprend le dessus. Nous partons dans les coulisses de nos vies, comparons nos journaux. Jacques trouve que, dans *l'Editeur et son double*, je frôle plus souvent l'indiscrétion que lui dans ses journaliers. Mais il est mauvais juge : il sait de moi tant de choses que les silences dans mes carnets sont pour lui chargés de confidences.

Dîné ce soir dans l'appartement parisien de Pierre Comte. Il y avait là, parmi quelques-uns de ses amis, Dominique Fernandez qui m'avait de peu précédé en Pologne. Nos impressions convergent mais il a eu plus de temps que moi, et a mieux vu la Pologne profonde. Reste que nous nous accordons pour penser qu'une Europe sans ces pays dits de l'Est n'est pas l'Europe. Il y avait aussi Pierrette Dupoyet qui publie chez nous *Madame Guillotin*, une pièce à un personnage qu'elle interprète elle-même. Ce soir, elle a distribué des badges représentant la guillotine. Le Bicentenaire commence ses frasques...

Vichy, le 3 décembre – De la bouffe comme un assassinat. C'est un sujet qu'il faut traiter d'urgence pour sauver d'une mort précoce les faibles qui, comme moi, se soumettent sans broncher – et souvent avec gourmandise – aux excès où les entraînent ceux qui prétendent les honorer. Ce midi, Monique Kuntz nous avait invités, Christine et moi, dans les environs de Vichy, à un repas bourbonnais auquel j'avais sacrifié avec excès, tout fasciné que j'étais par le récit goguenard mais tragique que cette rescapée nous faisait de la catastrophe nîmoise où elle avait été prise. Et ce soir, invités avec elle à *la Rotonde* par les époux Cassier, je n'ai pas moins succombé à la gourmandise pendant que cet adjoint au maire, pharmacien de son état, nous emmenait par ses récits dans des laboratoires où l'on apprend aux bactéries à remplacer les ouvriers.

Entre les deux repas, visite à la nouvelle bibliothèque que dirige Monique. Longtemps erré dans les salles consacrées au fonds Valery Larbaud et touché du doigt livres français, anglais, italiens, espagnols, encyclopédies et dictionnaires, comme s'il s'agissait d'atomes d'une molécule de pure intelligence, celle de ce discret et immense écrivain. Dans une salle voisine, certains des jurés du Prix Valery Larbaud ont déposé leurs manuscrits. J'ai ouvert celui du *Fou d'Amérique*. Stupéfiante écriture d'Yves Berger, cursive, comme croquée, broyée, mais imperturbable, identique à elle-même du début à la fin, presque sans repentirs, presque sans ratures. A cela reconnaît-on un écrivain ? Il y a d'autres manuscrits. Aucun n'a la beauté graphique de celui d'Yves.

Parmi les vingt-six auditeurs qui sont venus m'écouter, en ce samedi après-midi, à la bibliothèque, nulle séduisante à qui j'aurais pu dédier ma corrida. Mais je me suis efforcé de la faire bien tout de même.

Vichy, le 4 décembre – Vichy n'est pas seulement un pays de souvenirs politiques encombrants, un pays d'anciens combattants, c'est aussi un pays de morts. Chaque fois que je viens ici, on rappelle le souvenir de disparus, Larbaud, évidemment, mais aussi Arland, Fouchet, Thiry... Cette fois, c'est la mort de Roger

Caillois que Monique a racontée et mise en scène avec son talent de narratrice. Et, après elle, je vois Caillois tombant au milieu des pierres de l'exposition organisée au P.L.M. Saint-Jacques, à Paris. On appelle sa femme, elle accourt, le fait transporter à l'hôpital. Trop tard. Trop tard pour faire quoi, pour voir quoi ? La véritable mort, avec extinction de tous les feux... instant interdit à notre connaissance aussi longtemps que nous ne passerons pas nous-mêmes. *In the middle of nowhere.*

Après un déjeuner à Saint-Pourçain – dont l'église romane possède d'étranges arcatures, frêles et polychromes, et un chœur tout de travers –, visite à la Retirance de Valbois qu'affectionnait Valery Larbaud. Lieu secret, d'un esprit presque impénétrable, avec son parc immense, son horizon de trois cent soixante degrés, la demeure XIXᵉ installée sur cette roche posée (ancienne appellation de Valbois), aujourd'hui déserte, bouclée, que le maître avait flanquée d'un bow-window, et la charmille qui doit faire l'été un bien beau tunnel d'ombre. A l'extrémité de cette charmille, où Larbaud entendait "les silences de l'automne", un trou de lumière. Et par là on arrive dans les sous-bois au "tombeau" où Larbaud aimait s'arrêter.

Au Paradou, le 5 décembre – Non, je n'allais pas à Clermont-Ferrand pour passer *ma nuit chez Maud,* mais dans le petit matin frais pour secouer mes hochets devant une compagnie de bibliothécaires. Hier, pour notre visite à la Retirance de Valbois, le Bourbonnais avait revêtu son rouille habit de deuil, mais ce matin il portait une cape de lumière si vive que le pourpre d'un camion, dans le vert étincelant d'un pré, avait une sonorité beethovénienne. (Cette image prisonnière d'une phrase, je l'ai composée au volant. Pourquoi ? me suis-je un instant demandé. La réponse est venue aussi sec : afin de jouir du souvenir autant de fois que je retournerais à la phrase, pour – comme aurait dit Max-Pol Fouchet, gourmand de ce mot – *éterniser* l'instant dans sa magique plénitude.)

Une soixantaine de bibliothécaires m'attendaient, papier et crayon devant eux. "Non, pas de notes, je vous en prie", leur ai-je dit. J'en fréquente assez, des bibliothécaires, pour ne rien ignorer de leur dévouement et de leur application à observer les règles de la bibliothéconomie, et je n'avais nulle intention de leur apprendre davantage là-dessus, mais, en revanche, je les fréquente assez pour savoir aussi que nombre d'entre eux, pris par leurs tâches, lisent peu. Et c'est là-dessus que je voulais les entreprendre. Je leur ai raconté la visite du général Stumm à la Bibliothèque nationale, telle qu'on peut la lire dans *l'Homme sans qualités* de Robert Musil. A la question que lui pose le général, le bibliothécaire répond : "Mon général ! Vous voulez savoir comment je puis connaître chacun de ces livres ? Rien ne m'empêche de

vous le dire : c'est parce que je n'en lis aucun !"
C'est tombé à plat.

Vienne, le 10 décembre – Mon premier soin
en arrivant chez les Guérin : raconter ma
mésaventure à propos du billet de cinquante
schillings (13 novembre). "Mon pauvre, a fait
Michel, je crois que tu es mal pris. Il n'y a pas
ici de billets avec la trombine de Freud !" J'ai
connu ce moment désagréable où l'on commence à douter de soi, dans les couches les
plus secrètes et les plus vulnérables du men-
tal. Cet élément disparu, l'échafaudage allait-il
s'effondrer comme un jeu de mikado ? J'ai été
sauvé par la toute jeune fille des Guérin.
"Papa !" Elle a disparu et est revenue avec sa
tirelire dont elle a extrait un beau billet de cinquante schillings orné du portrait de Sigmund.
Je le lui ai échangé contre un billet de cent et
j'ai serré la coupure salvatrice dans mon carnet (où elle est toujours, comme un certificat
de bonne santé mentale). Sitôt rentré, j'en ferai une photocopie que j'enverrai à qui je sais,
avec mes sentiments les plus fantasmatiques.

Vienne, le 11 décembre – Hier soir, des larmes
ont coulé sur mes joues, dans l'obscurité,
quand, au *Staatsoper*, se sont élevées les premières mesures des *Noces de Figaro*. D'un
seul coup, je me revoyais là, trente ans plus
tôt, assistant à une représentation de *Don
Juan* avec une femme dont j'allais me séparer. Qui dira par quel mystère la mémoire
peut soudain entrer en éruption et faire

remonter avec tant de force un souvenir si ancien, une douleur que je croyais à jamais cautérisée par le temps ? A cela il faut ajouter l'émotion du retour à Mozart au-delà des disques, des concerts, de la radio, de la télévision, d'*Amadeus* et du cinéma, au-delà de Forman, Bergman, Losey et les autres, au-delà des livres, des théories, des discussions, Mozart dans sa plénitude lyrique étouffant de toutes ses voix la voix de ceux qui ne veulent pas l'entendre mais prétendent le "lire" dans un éblouissement égoïste, et celle de savants caqueteurs dont les théories n'avaient soudain plus de sens ni de forme car j'étais nu dans mon plaisir, transpercé par chaque trait que Peter Schneider enlevait à l'orchestre. Bref, j'étais au cœur de la nécessité, cette nécessité dont j'ai si souvent évoqué l'étrange nature pour justifier qu'en littérature certains textes s'imposent mieux ou plus sûrement que d'autres, et dont il m'arrive de dire, si un étudiant m'interroge, qu'elle se définit par l'obligation où elle nous met de voir qu'une telle œuvre ne pouvait pas ne pas voir le jour. Et mes larmes coulaient encore quand la voix subtile de Barbara Hendricks s'est hissée par-dessus l'orchestre pour dire je ne sais quelles choses inouïes dans les mailles d'un dialogue niais. Et ce matin où j'écris dans la petite maison de la Boltzmanngasse dont le vent secoue les volets, je vois mieux, avec la perspective que me donne la nuit écoulée, que ces larmes ont constitué le plus vif de mon plaisir.

Car par la suite, et comme souvent au spectacle, de perverses réflexions me sont venues qui ont pris de l'autorité alors même que je cherchais à les chasser, et qui ont un peu terni la pureté de ma naïve émotion. Ainsi, me disais-je plus tard, les opéras et les corridas ont en commun ceci qu'on y applaudit les prouesses sans se soucier d'interrompre un déroulement dramatique qui en souffre d'autant moins que les ficelles y sont souvent grosses. Ou bien encore, écoutant Ruggero Raimondi et Manfred Hemm, je pensais que se jouait sous mes yeux une autre pièce que celle dont Lorenzo Da Ponte avait écrit le livret, une pièce où deux hommes rivalisaient de voix (comme on peut rivaliser de sexe) devant l'irrésistible Barbara dont les coups et les claques ne paraissaient plus du tout feints.

Alternance de soleil et de pluie. "Vienne est un cimetière monumental délaissé par l'Histoire", a dit Michel que nous avons suivi de musée en musée.

De telles courses, on revient d'abord avec quelques images : cocasses comme les pifs monstrueux des ducs de Bourgogne sur les toiles exposées à la Chambre des trésors, ou saisissantes comme le sexe d'ivoire d'une licorne visible dans le même lieu, ou encore surprenantes comme le centaure terrassé par Ganymède dans l'escalier monumental du musée d'Art ancien où me surprend l'une de ces évidences secrètes, à savoir qu'un centaure possède six membres et ainsi se situe aux antipodes de la sirène réduite à deux bras...

Après seulement remontent les instants de grâce : les toiles de Bruegel l'Ancien où, dans l'allégorie, le paysage joue un tel rôle que si on l'escamotait tout le sens s'en irait ; l'autorité qui donne aux portraits de Rembrandt leur insondable profondeur et renvoie aux enfers de la médiocrité les Rubens trop bavards ; les troublantes créatures de Cranach – Sibylla, Emilia et Sidonia von Sachsen – qui pourraient sortir d'un roman de Proust... Et puis, au Belvédère, aller-retour entre Klimt dont l'obsession décorative refroidit un peu les compositions, et Schiele à jamais inoubliable pour ce portrait qu'à moins de trente ans, l'année même où il allait mourir, il fit de sa femme.

Vienne, le 12 décembre – Nous nous sommes couchés à deux heures. Les Guérin avaient organisé un dîner qui m'a permis de rencontrer Andreas Pribersky et de parler avec lui de ces laves troubles et brûlantes qui gargouillent dans les cratères de l'Europe de l'Est. Et puis aussi les deux jeunes femmes qui, sous le nom de Sébastien-Grand, ont écrit un polar que nous publierons bientôt : *La Mort est diplomate.* Elles en veulent, ces deux grâces, et ne m'ont parlé que tirage, lancement, cocktails, signatures, publicité. J'ai fini par les abandonner à leurs fantasmes sulitzériens que je trouvais déplacés dans la maison

d'un philosophe pour lequel nous nous dé-
carcassons de toute notre âme en sachant
que les best-sellers d'une collection comme
la sienne plafonnent à mille exemplaires.

Ce matin, Michel nous avait obtenu un
rendez-vous à la *Graphische Sammlung* de
l'Albertina, avec le docteur Christine Ekelhart
qui nous attendait dans son bureau pour
nous montrer par extrême faveur quatorze
originaux de Dürer, pour la circonstance
extraits de la chambre forte. Un à un, à bout
portant, elle nous les a présentés, ces chefs-
d'œuvre. Et nous les commentait de sa belle
voix un peu rocailleuse jusqu'au moment où
elle a poussé un cri d'effroi : elle venait de
s'apercevoir que je prenais des notes *avec
mon stylo*. Elle me l'a enlevé d'autorité et m'a
apporté un crayon. Et il est vrai que si mon
porte-plume réservoir, chargé d'encre comme
un pétrolier, m'avait échappé... Un à un,
nous les avons donc contemplés, ces dessins
qui avaient traversé un demi-millénaire et
s'offraient maintenant à notre admiration,
sur un papier intact, avec toute l'autorité du
calligraphe Dürer. Il y avait là, entre autres,
le fameux lièvre, si différent de la reproduction tant de fois contemplée, plus lumineux,
plus bleuté, plus léger aussi avec son pelage
dont quelques poils et frisures suggèrent le
moelleux d'un duvet, avec son œil de velours où se reflète une fenêtre, avec son mu-
seau en alerte, ses moustaches belliqueuses,
ses oreilles inquiètes et les griffes de l'animal

sur le point de bondir dans la crainte qu'on ne le touche.

Sur la place, en face de l'Albertina, se trouve un étrange monument dont Michel me dit qu'il fait gronder bien des Viennois. Cela représente un vieux qui, à genoux, relève la tête avec un regard perdu, et rappelle qu'au temps du nazisme des juifs furent ici contraints de nettoyer le pavé avec leur langue et leurs châles de prière. "Les retours de barbarie sont plus effroyables que la barbarie elle-même", ai-je dit à Michel.

Et puis, ce soir, pas plus de corrida qu'à Vichy, mais une messe sous le feu des projecteurs qui m'empêchaient de distinguer dans la salle de l'Institut français les quelque soixante personnes qui s'y étaient rassemblées. Il me fallait parler de l'édition française. J'ai choisi d'entrer dans le vif en leur racontant le lancement du *Diable au corps* de Radiguet par Grasset en 1923, avec lequel a débuté, affirmait il n'y a guère Alain Decaux à la télévision, la manipulation promotionnelle des livres.

Arles, le 15 décembre – Un certain Jean Renaud, ami de Goloboff, m'a envoyé un manuscrit – *Les Molécules amoureuses* – que j'ai lu d'un trait, dans une grande confusion, emporté que j'étais par une écriture dont la pudeur exacerbe l'érotisme, mais aussi par la conviction que l'histoire de cet amour perdu avec une actrice est comme l'envers des *Ruines de Rome.*

Arles, le 17 décembre – Lu le copieux roman que nous a envoyé O. Superbe et affligeant. Il faudra que je lui raconte l'histoire du sculpteur qui fait livrer un bloc de pierre dans sa cour sous l'œil intrigué d'enfants du voisinage. Ceux-ci, revenus des vacances, trouvent une statue équestre, et l'un d'eux demande alors au sculpteur comment il a pu deviner qu'il y avait un cheval dans la pierre. Le cheval, il est là, dans ce manuscrit, je le devine en filigrane, il doit être de race. Mais je ne suis pas sûr qu'O. acceptera de tailler la pierre pour le délivrer de la gangue que lui font certaines phrases sentencieuses, des dialogues inutiles, un fatras ésotérique, d'insupportables démonstrations. Quel roman, si elle voulait…

Marseille, 19 décembre – On inaugurait ce soir au musée Cantini l'exposition des dessins de Bruno Schulz. Des centaines de petits dessins où dominent ceux que l'on dit érotiques et qui sont, en vérité, terrifiants… Ces femmes méprisantes qui me font penser à Roberte dans *la Révocation de l'Edit de Nantes* de Klossowski, jambe tendue, chaussure pareille à la tête d'un serpent (l'image est de Schulz), dominent des nabots aux regards extatiques et honteux. Quelle métaphore s'inscrit là, au-delà des troubles personnels de Bruno Schulz, dans un temps qui précédait de peu celui de sa mort ?

Dans le catalogue que nous avons édité, laissant à d'autres le soin de parler de ces dessins j'ai rappelé le souvenir des *Boutiques de cannelle* et du *Sanatorium au croque-mort*, deux récits de Schulz dont je garde un souvenir d'une inaltérable netteté.

Au Paradou, le 20 décembre – Moi qui n'aime guère les textes enregistrés car il me semble que c'est une profanation de la lecture, j'ai écouté avec méfiance d'abord, puis avec un intérêt croissant l'enregistrement qu'Isabelle Huppert a fait du *Roseau révolté*. Le secret de cette séduction vient sans doute du refus des effets : Isabelle lit d'une petite voix sèche, irrésistible. C'est admirable ! Mais c'est aussi du Berberova...

Arles, le 28 décembre – Hier soir, au dîner préfectoral où j'étais convié à Marseille, j'ai eu Anne Sinclair pour voisine. Le matin même elle avait été désignée, par sondage, comme la femme la plus populaire de France. Je l'en ai félicitée, elle a rigolé : "Dans ce monde ultra-médiatisé, les gens désignent ce qu'on leur montre avec insistance." Alors je lui ai dit qu'en vérité je voulais surtout la féliciter pour avoir, au cours d'un *7 sur 7* récent, réussi à sortir Michel Rocard de son embarras et ainsi d'avoir permis à l'humaniste d'aller au fond de ses convictions. Ces félicitations-là ont paru donner à Anne Sinclair un plaisir plus grand que les autres. Plus tard, elle m'a confié son intention de réaliser une émission avec Gorbatchev et Raïssa. Puis, tout à trac, les joues roses d'émotion, décidément très belle, accompagnant sa confidence d'un regard profond comme le firmament, elle m'a soufflé qu'elle venait, à quarante ans, de lire enfin les *Mémoires d'outre-tombe*, et que c'était dans le plus grand bonheur.

"Quels projets avez-vous pour l'année du Bicentenaire ?" m'a demandé Jean Kehayan pour le compte du *Provençal*. "Nous n'avons pas attendu le Bicentenaire, ai-je répondu. Vois toi-même... Les idées nobles de 1789 sont présentes dans le sens même que donnent à notre catalogue les textes publiés depuis dix ans. Le reste, ce n'est que carmagnole."

Au Paradou, le 1er janvier 1989 – Pour la veillée de l'an, au mas Martin, par tradition réservée aux amis qui ne font point de réveillon, j'avais disposé sur le manteau de la cheminée les livres récents de quelques auteurs et traducteurs présents, comme Raymond Jean, Norbert Rouland, Guy Lesire, Ivo Michiels, Jacques Thiériot, mon vieux maître Victor Bol, Olympia Alberti, Françoise Lefèvre...

Françoise Lefèvre... il y a longtemps que j'espère, et je sais maintenant qu'elle l'achèvera cette année, le livre avec lequel elle entrera dans notre catalogue : *Le Petit Prince cannibale*.

Nous recevons peu, Christine et moi, et en de telles occasions j'aime en premier le tableau que composent mes amis, et le train de leurs conversations. Naïf ? Certains bonheurs sont à ce prix.

Nina au bout du fil. Elle me parle de son prochain voyage en Russie comme du dernier acte sans lequel sa vie ne serait pas complète. Et insiste pour que je l'accompagne. Mais d'invitation, elle n'a pas encore vu la couleur...

Arles, le 4 janvier – Freiner l'allure, bon dieu, il est temps de se mettre un peu en roue libre... Je regarde ces instruments pervers : les agendas, les plannings, et je me vois déjà à la fin de l'année. Dominer le temps comme, avec le peu de yoga que je sais, je m'efforce parfois de maîtriser ma respiration. Rouler le matin, vers Arles, à soixante, pas à quatre-vingts, et voir, vraiment voir que cette Provence d'hiver, gercée, lumineuse, parfumée par les feux d'écobuage, m'offre la plus belle disposition du monde.

Je regarde, alignés, quelques livres récents, *L'Histoire de la baronne Boudberg* et *La Résurrection de Mozart* de Nina Berberova, *L'Invention de la solitude* de Paul Auster, *Le Commencement de nulle part* d'Ursula Le Guin, *L'Empoisonnement* d'Alfred Döblin, *La Mort en Arabie* de Thorkild Hansen, *Méharées* de Théodore Monod et tant d'autres. Leurs couvertures me rappellent les péripéties de leur naissance. Puis je me tourne vers la bibliothèque où est classé le fonds Actes Sud par ordre de parution. Le nombre de titres – plus de six cents – me pousse à la fierté, mais les huit mètres de rayons qui suffisent pour les serrer m'incitent à la modestie. C'est tout cela, et ce n'est que cela.

Une voix s'élève de temps à autre pour nous avertir : "Prenez garde, vous publiez trop !" Publier trop ? Nous ne publions pas le quart de ce que font Gallimard ou Flammarion, à peu près la moitié de ce que fait Le Seuil. Ne serait-ce pas que nous donnons l'impression de publier trop à ceux qui nous enferment dans le souvenir qu'ils ont de nos débuts ? Insinueraient-ils alors qu'il serait sage de ne pas grandir ? Mais cela voudrait dire qu'il faut renoncer à suivre nos auteurs dans les étapes de leur œuvre, renoncer à de nouveaux talents, instaurer une sorte d'austérité dans la découverte !

En vérité, ce qui se publie avec excès, ce sont des livres qui n'ont d'autre *nécessité* que celle du coup fumant, de l'affaire juteuse, du bénéfice immédiat. Mais de bons livres, ceux dont on sait d'évidence qu'on ne pouvait pas ne pas les publier, il n'y en aura jamais assez.

Au Paradou, le 8 janvier – Sur la recommandation de Michel Deville, la toute jeune Joëlle Miquel nous a envoyé son premier roman, *les Rosiers blancs*. Une employée inconsciente, qui était chargée de l'enregistrer, l'a pris pour une bluette et l'a gardé cinq semaines sous le coude. Je ne savais pas que pareille erreur (horreur ?) pouvait se produire chez nous. La croissance affaiblit les contrôles. C'est Sabine qui a découvert le manuscrit dans une pile en souffrance. L'ayant lu, elle m'a pressé de le prendre chez moi. Elle avait raison, j'ai dévoré ce récit qui est d'un écrivain. J'ai appelé Joëlle Miquel. Nous avons rendez-vous à Paris. Lui ai fait porter onze roses blanches.

Paris, le 10 janvier – Tendre espiègle, Joëlle Miquel se montre néanmoins très maîtresse de son talent. Elle a déjà écrit pour Rohmer une histoire dans laquelle il l'a fait jouer. Mais, par la faute de notre retard, Belfond est en piste avec qui elle a rendez-vous. Réponse samedi.

Une heure d'enregistrement avec Jacques Chancel pour sa série *Figures* qui propose des portraits d'une heure sur Antenne 2. D'un seul coup la complicité nous a gouvernés, et malgré le vouvoiement qui ne nous est pas naturel, nous avons discuté en vieux amis que nous sommes et se soupçonnent parfois de taire une certaine chose que l'autre a précisément une folle envie de savoir. Une troisième *figure* était présente dans cette conversation, Nina Berberova sur qui Jacques m'a interrogé, avec son inimitable sourire, comme si j'avais avec elle une liaison flamboyante que j'aurais cherché à dissimuler. "Mais, c'est une liaison, Jacques, et elle est flamboyante !"

Arles, le 14 janvier – Joëlle m'appelle pour m'annoncer qu'elle a signé le contrat que Belfond a proposé avec promesse d'une adaptation cinématographique de son roman. L'édition, c'est aussi vivre cette sorte d'échec.

Pour me consoler, lu d'une goulée la traduction que Patrick Ferragut a faite du roman de Paul Auster, *In the Country of last things* (titre qui est devenu : *Le Voyage d'Anna Blume*). C'est un autre ton que *la Trilogie new-yorkaise*, ça vous a des petits airs de Gracq, Buzzati, Beckett, Pinget, mais par l'obsession narrative c'est du pur Auster.

Paris, le 16 janvier – A cause du brouillard, tourné longtemps dans le soleil, au-dessus de l'Ile-de-France, avant de recevoir l'autorisation d'atterrir. Quand elle est enfin venue, l'A 320, ayant perdu de l'altitude, a glissé sur la couche nuageuse comme un traîneau sur la neige. Des cheminées, quelques immeubles et au loin la tour Eiffel émergeaient du coton. Comme dans *la Planète des singes*.

Soirée à l'Institut néerlandais en l'honneur de Hella Haasse, une romancière qui fait autorité dans son pays mais à qui la France, parfois bien lente dans ses reconnaissances, n'a pas encore donné la place qui lui est due. Hella Haasse a parlé des sources et du sens de l'ouvrage que nous avons récemment publié : *Un goût d'amandes amères*, où Hadrianus, le maître, et Claudianus, le poète, sont les personnages d'une méditation romanesque sur le pouvoir et la création. Au temps de la perestroïka ça devrait pourtant marcher...

Paris, le 17 janvier – A *la Closerie des Lilas*, déjeuner annuel avec le président des Presses Universitaires de France, Pierre Angoulvent, et ses collaborateurs les plus proches. Nous les avons informés de l'élargissement de l'actionnariat et du renforcement de notre capital. Il fallait à cette information donner une certaine solennité pour ne pas rester dans leur regard cette petite équipe qui, un jour de printemps 1981, fit à Nice affaire avec eux pour la diffusion et la distribution de livres qui paraissaient alors à la cadence d'une douzaine par an.

Bruxelles, même jour – Terres noires, brouillard, puis au bout des rails une ville déserte et illuminée, c'est Bruxelles telle qu'en elle-même. Dîné avec M. dans un restaurant des Marolles où nous avons retrouvé Roland Topor et Hugo Claus qui menaient grand train. Je me suis dit qu'Hugo avait eu du génie en intitulant son livre le plus célèbre *le Chagrin des Belges*. C'est avec prudence, en effet, qu'il faut appréhender l'exubérance des Belges, car elle est souvent la manifestation de leur désespoir métaphysique.

Liège, le 18 janvier – Monté à l'université du Sart Tilman, magnifique campus, pour mon cours inaugural sur le "paratexte". Gérard Genette, à qui j'ai emprunté le mot, parle de "ce par quoi un texte se fait livre et se propose comme tel à ses lecteurs". J'ai expliqué à mes étudiants que j'avais le projet de passer en revue, avec eux, non seulement les éléments matériels auxquels s'attache Genette, comme le titre, l'épigraphe, la préface, etc., mais aussi des fonctions essentielles telles que l'intervention de la direction éditoriale sur le manuscrit, le rôle de la traduction s'il s'agit d'œuvres étrangères, les commentaires par lesquels on initie la rumeur...

On m'avait parlé d'une sorte de séminaire. Je m'attendais donc à avancer par des réponses aux questions qu'on me poserait plus que par une démarche magistrale. Mais ici les étudiants sont d'une sagesse, d'une application et d'une mutité redoutables. Suis sorti exténué, après trois heures d'un discours ininterrompu.

En ville, le long de la gare des Guillemins, une rue chaude et interminable où, dès huit heures du matin, les putains, dont le sida ne paraît pas freiner le commerce, immobiles dans leurs petites loges baroques qui se succèdent à l'infini, véritables poupées de cire, attendent les baiseurs de passage. "Les meilleurs, avait dit un jour la tenancière d'un claque de prolétaires à l'un de mes amis (un promoteur qui s'apprêtait à l'exproprier), ce sont ceux du matin. Ils viennent, après une nuit sans femme, prendre une revanche. Ceux du soir sont souvent *éreintés* par le travail." Je pense à *Madame Hortense*, prostituée héroïque, dans le livre de Nikos Campanis.

Bruxelles, soir – Dîné à l'*Oogenbliek* avec Françoise Wolff dont le journal télévisé, qu'elle présente désormais, a fait une star. Elle proteste mais les regards autour de nous ne me trompent pas.

Dans ma chambre du *Métropole*, regardé *Figures* sur Antenne 2. Des prolongations dans le championnat de patinage artistique et un reportage imprévu sur le Festival d'Avoriaz ont retardé jusqu'à minuit quinze l'émission de Jacques Chancel. Et qui peut bien encore regarder la télévision à cette heure-là ? Je n'ai d'abord eu d'attention que pour le curieux personnage que je suis à l'écran. Dites-moi, Malraux, reconnaît-on ses airs mieux que le son de sa propre voix ? Ces mains noueuses, ces rides, ces poches inquiétantes sous les yeux, ces grimaces... de quel clown sont-elles ? Mais de cette méditation morose j'ai été tiré par le sort que Jacques Chancel, dans le montage, avait réservé à Nina Berberova. Pendant que je parlais d'elle, des photos de tous les âges sont passées à l'écran, et le beau dessin que Christine a réalisé pour la couverture de *C'est moi qui souligne*. Avec l'âge qui est celui de Nina, il eût été indécent d'encore m'inquiéter du mien.

Bruxelles, le 19 janvier – C'est décidément le temps des premières. Hier, mon cours inaugural à Liège, aujourd'hui à Bruxelles mon entrée dans le groupe d'experts constitué par la Commission culturelle des Communautés pour donner avis et recommandations sur les questions du livre. Il y a là des spécialistes de toutes les nationalités communautaires. Pour la France, Didier Decoin et moi. Pierre Mertens préside. Mais l'autonomie qu'on nous laisse pour élaborer des réponses aux problèmes qui nous sont posés est sans cesse bridée par les interventions d'un haut fonctionnaire aux affaires culturelles, un Flamand à l'accent ensorien qui me paraît sorti d'une farce de Fernand Crommelynck. Pour ma première intervention, je me suis efforcé de montrer que le sort du livre dans la Communauté dépend d'abord de la généralisation du système dit du "prix unique", et ensuite du sort que l'on fera aux traducteurs et aux traductions. Ce qui m'a permis de constater que les Assises d'Arles avaient leur réputation.

Au Paradou, le 21 janvier – Dans *l'Autre main*, le livre que m'envoie Pierre Alechinsky, je tombe sur une phrase : "La peinture monumentale commence quand le peintre grimpe sur une chaise." L'aurais-je connue, cette phrase, quand j'écrivais *les Rois borgnes*, je l'aurais prise pour épigraphe, en hommage à Bigot-Lamoureux, le nain ambitieux et savant que je préfère à tous mes autres personnages.

Au Paradou, le 26 janvier – Toute cette semaine, je l'ai passée ici, pour relire la traduction qu'Anne et René Mislin ont faite de *C'est moi qui souligne,* et l'ajuster aux dispositions prises avec Nina. Ce fleuve autobiographique, tumultueux ou paisible selon les régions qu'il traverse, n'éclaire pas seulement l'incomparable personnalité de ma très chère amie mais porte témoignage sur les grands drames et les petites misères d'une émigration perdue où les génies se trouvaient mêlés aux escrocs. C'est encore, ce livre, une sorte de miroir-tambour où la vie défile, et dont la vitesse empêche parfois – mais c'est voulu, je crois – de s'attarder à de certains instants. En quoi c'est aussi un livre magistral sur le Temps. Et puis, cette pudeur autoritaire qui fait que si l'on devine tout du tempérament de Nina, on ne sait rien ou si peu de ses manifestations intimes. Paradoxe, ces silences amplifient la résonance même du livre.

N'empêche qu'il m'arrive d'avoir des sueurs froides et d'appeler Bertrand, en Arles, pour qu'il me rassure d'un mot sur notre choix. Comment devant ce "pavé" réagiront critiques et lecteurs qui ont aimé les premiers "petits" romans ? Il est vrai qu'il y a le précédent du *Regard de la mémoire* de Jean Hugo auquel des confrères que j'avais consultés, car j'en étais à mes débuts, avaient promis un trois mille (à tout casser), et qui s'est vendu à près de vingt mille exemplaires. Oui, mais les personnalités dans le livre de Hugo relèvent du pandémonium français. Celles de Nina sont russes et souvent inconnues. Rassurons-nous, la force de l'écriture, la vivacité du regard, la lucidité du témoin compenseront cela... Et ainsi, de jour, de nuit, j'entretiens en moi ce débat infernal. Mais, à la fin, il y a toujours une petite voix qui domine le tumulte pour me dire que je suis en bonnes mains avec cette Nina Berberova qui ne manque pas une occasion de m'assurer qu'elle se sent bien dans les nôtres.

Arles, le 27 janvier – Le récital Mozart que Paul Badura Skoda donnait ce soir dans notre église du Méjan – pleine à ras bord – correspondait, jour pour jour, avec le deux cent trente-troisième anniversaire du musicien. J'ai touché au ciel dans la seconde partie – *Fantaisie et sonate en do mineur* – avec cette composition déjà si beethovénienne. Entre Badura Skoda, la musique de Mozart, l'instrument, c'était un continuum parfait.Un cristal sans le moindre défaut. En bis Badura Skoda a joué le premier mouvement de la sonate *Alla Turca*. Je lui ai raconté plus tard que cette turquerie me renvoyait à mon enfance car chaque soir, en ce temps-là, dans les étages de l'immeuble dont mes parents occupaient ce qu'en Belgique on appelle les "cuisines de cave", un violoniste la jouait et me plongeait ainsi dans cet état d'incomplétude où l'on est livré au double sentiment que tout peut finir et que tout peut commencer, émotion générative, entre suicide et parousie. Badura Skoda m'a donné l'impression d'être, de toutes celles à qui j'avais pu raconter cette histoire, la première personne qui en comprît le sens réel.

A l'office de février paraissent des livres que je dirais volontiers truculents, comme cette *Madame Hortense* que j'ai ramenée de

Grèce et qui est la véritable histoire, contée par Nikos Campanis, de la cousette toulonnaise qui en Crète vint à l'héroïsme par la prostitution, et qui servit de modèle à Kazantzakis pour sa Bouboulina dans *Alexis Zorba* ; ou *Meurtres à Rocksburg Station*, le premier d'une série de romans de K.C. Constantine avec un nouveau type de flic, bonasse et tenace, Mario Balzic, qui inaugurent une collection – *Polar Sud*.

Mais, à côté de ceux-là, paraissent des livres discrets qui ont sans doute ma préférence, et parmi eux *la Guerre immobile* de Guy Rohou et *le Lit d'Aurélia* d'Arnaldo Calveyra. Ces deux ouvrages m'ont fait retrouver le charme des véritables romans où la justesse du regard s'allie à l'intelligence des sentiments. Tous deux suscitent ce plaisir qui vient de la maturité d'un art.

Et puis, au registre de l'essai, il y a *l'Île Napoléon* de Michel Guérin, une centaine de pages au maillage serré qui proposent une autre manière de voir l'histoire et de réfléchir sur le *ressac* qui ramène pour un temps sur la scène des personnages que la mort ou le destin en avaient fait disparaître.

J'ai souvent plaidé que nous ne devions – fiction ou réflexion – publier que des livres qui ont vraiment du sens, une épaisseur, même s'ils sont brefs, et qui incitent l'esprit à des explorations dans l'esprit du temps. Il me semble que Guérin, Calveyra, Rohou répondent à ce souhait.

Et pourtant, dire ici, pour moi-même, en provisoire secret, ma difficulté dans la lecture philosophique... Chaque proposition m'ouvre, en effet, des pistes sur lesquelles je m'éloigne, de telle sorte que, bientôt, je me retrouve loin de l'axe du texte, égaré, ravi, penaud. La philosophie, au sens strict des mots, je la lis moins que je ne *vis* en sa compagnie.

Paris, le 30 janvier – Déjeuné au lance-pierre chez Allard (quel crime !) avec Josyane Savigneau qui est arrivée avec près de deux heures de retard à notre rendez-vous. Nous devions parler des *Ruines de Rome* dont elle a reçu les épreuves, mais nous avons embrayé tout de suite sur Nina Berberova et Marguerite Yourcenar. Jo les aime toutes les deux et a mis sur la table une photo de Marguerite Yourcenar, prise quand elle était dans la quarantaine, habillée en garçon. Elle ressemble à Marlon Brando. "Qui douterait en voyant ça ?" a demandé Jo avec émotion et mystère. Mais elle s'est souvenue de son rendez-vous suivant. De toute évidence, à celui-là il ne s'agissait pas d'être en retard. Elle a rangé la photo et a disparu.

Ce soir, avec ma fille Louise au théâtre Edouard VII, pour la générale d'*Un mois à la campagne* de Tourgueniev. En attendant le lever de rideau, j'ai raconté à Louise la prédilection de Nina pour les lettres que Flaubert adressait à son ami Tourgueniev : "Mon vieux chéri... mon bon cher vieux... le cher vieux grand..." Le temps de lui raconter cela, et nous nous sommes aperçus que nous étions dans les mêmes rangs qu'Andréa Ferréol, Carole Laure, Marie-Christine Barrault *et alii*. Celles qui nous connaissaient ne reconnaissaient pas Louise. Elles avaient l'air de dire, ensuite, que la jeune femme était sortie de l'adolescence sans transition. J'en avais de la fierté en même temps que je ressentais un pincement. Comment m'y étais-je pris pour n'avoir pas moi-même suivi l'évolution et me retrouver d'un coup à côté de cette transformée ?

Arles, le 3 février – Inauguration de l'exposition Van Gogh dans le nouvel "espace" du même nom. Je n'aime pas ces mots – espace, passage, forum – car, en même temps que les vieilles appellations de ces lieux, ils chassent le sens qu'elles avaient.

Commissaire de cette exposition, Ronald Pickvance a fait un discours fleuve et s'est mis à distribuer, de manière symbolique et un tantinet ridicule, les tournesols et les orangers de Van Gogh aux personnalités présentes – et Dieu sait qu'il y en avait. Un bien long bavardage pour une exposition trop *courte*.

Je sais la difficulté de convaincre les conservateurs possessifs, je sais le coût des assurances en hausse chaque fois que les enchères montent, et je sais le prix exorbitant des transports, chaque toile devant voyager seule... Tout de même, tant de bruit pour une douzaine d'œuvres dont la plupart, hélas, sont présentées sous verre, c'est un peu excessif. Sans compter qu'on dirait cette exposition installée dans le couloir d'une station de métro. On n'a tiré aucun parti des ouvertures vers la cour si magnifiquement réhabilitée.

Mais je vois en écrivant ces notes que c'est là une manière d'occulter une question plus grave. Pourquoi n'ai-je pas eu d'émotion, sinon devant quelques dessins qui en disent plus long que les toiles sur la manière de regarder la structure des choses ?

Serait-ce que je finis par ne plus supporter la démesure dans l'admiration ? Ce qui de l'éloge outrepasse l'objet, je le sais, me devient de plus en plus suspect. (J'espère ne pas provoquer de semblables réactions pour les livres que j'aime et célèbre...)

Dans *l'Invention de la solitude*, Paul Auster fait observer que, sur la toile qui représente sa chambre, Van Gogh a condamné toutes les issues, et qu'elle devient ainsi symbolique de l'enfermement. J'ai montré cette page à Pickvance qui a pris un air contrarié.

Nina à qui je téléphonais ce soir pour lui dire que je venais de revoir, comme elle me l'avait demandé, le texte de la préface qu'elle a écrite en français pour *C'est moi qui souligne*, à qui je disais aussi qu'UGC a pris option sur *le Roseau révolté*, soudain m'interrompt. "D'autres questions se posent", me dit-elle. A un infime vibrato je sens qu'il s'agit d'une chose grave, intime. "Un secret, Nina ?" demandé-je. "Oui, non...", fait-elle. Un silence

– et j'ai appris qu'il ne faut jamais rompre les silences de Nina. La preuve... "Faut-il encore attendre ?" murmure-t-elle enfin. Je fais mine de ne pas comprendre. " Attendre ? Pas trop, Nina, car on vous espère en avril à Paris et en mai à Moscou." Il y a un soupçon d'impatience dans sa voix quand elle me reprend : "Non, non, vous le savez bien, je veux dire... attendre, rester en vie." J'ai passé une vingtaine de minutes au moins à lui rappeler pardessus l'Atlantique ce que dit sa préface : que l'amour est une bonne raison de rester.

Au Paradou, le 5 février – Nous apprêtons à rééditer *Monsieur R.*, le premier roman par lequel se fit connaître Anne Walter en 1959 – il était devenu introuvable. Ce qui m'intéresse, c'est de voir que, trente ans plus tôt, la palette était déjà composée. Seuls l'usage de l'imparfait, ces phrases moins frustes et l'absence de violence sexuelle distinguent *Monsieur R.* des livres qu'Anne écrit maintenant. Encore que, dans l'histoire, monsieur R. ait pris pour exergue d'un livre qu'il vient de terminer ces mots de sainte Thérèse d'Avila : "N'obéis pas à mes ordres. Obéis à mes silences."

Mais me voici dans un autre monde avec le roman d'Armand Meffre, *Ceux qui ne dansent pas sont priés de quitter la piste*, et je marche, entre Bosco et Giono, dans des parfums de lavande et de thym, au milieu de rumeurs champêtres et urbaines, sur les traces de Félicien Teston qui fait ici son éducation sentimentale.

Bertrand a accompagné Meffre pour la mise au point de ce roman, pendant que moi je me trouvais souvent aux côtés d'Anne Walter. Après, nous étant rejoints, nous nous sommes montré nos moissons. Ces contrastes font à la fois la difficulté et le bonheur des éditeurs que nous sommes.

Paris, même jour – *Britannicus*, ce soir, au Français, une première. Deux ministres sont présents, mais pas ceux que l'on attendrait. Ce sont MM. Chevènement et Bérégovoy, l'Armée et les Finances... Sur scène, alternance de hurlements et de murmures qui obligent à tendre l'oreille ou à la protéger. Je me suis surpris à répéter les vers à deux ou trois syllabes de distance des acteurs, soit, si j'en avais compris le sens, pour vérifier que chaque alexandrin avait bien ses douze pieds, soit, si le compte était bon, pour revenir au sens. Exactement comme à New York, les premiers jours, je me répète les phrases entendues afin de les sous-titrer en français.

Paris, le 7 février – Service de presse chez Grasset. Un supplice que rarement j'inflige à mes auteurs : près de cinq cents dédicaces. A quoi cela sert-il quand on ne connaît pas le destinataire autrement que de nom ? Martine Boutang dit avoir lu *les Ruines de Rome* d'un trait, "un roulement de tambour", dit-elle. Puis me demande si j'ai noté que ce roman, où j'insiste tant sur le mercredi des Cendres, est sorti de presse un Mardi gras.

Paris, le 8 février – Matinée buissonnière au Louvre avec Sabine. J'invite l'helléniste à regarder les œuvres comme si nous étions dans une galerie de la rue de Seine, oubliant les catégories que l'histoire leur a assignées. Et je suis le premier pris au jeu, découvrant les audaces les plus modernistes dans des œuvres de plusieurs siècles qu'on nous habitue dès l'enfance à regarder avec le complexe de Procuste, en éliminant pour impertinence toute transgression archéologique.

Au Paradou, le 12 février – Sur le plateau d'*Apostrophes*, avant-hier soir, Théodore Monod était invité pour *Méharées*, que nous venons de rééditer dans la série *Terres d'aventure*, un ouvrage qui avait sa place dans mes bagages quand, avec Jean-Philippe Gautier, à la fin des années soixante, je "fis" le Sahara pour préparer le livre que m'avait commandé Arthaud. Le vieux fou du désert, obsédé par sa météorite introuvable, a parlé avec son visage, ses gestes, ses rides, son âge, plus qu'avec des mots.

Et puis, ce soir, à l'occasion de la publication de son *Anthologie personnelle*, Edouard Maunick a été reçu par Bernard Pivot, pour un tête-à-tête nocturne sur Antenne 2. Quand il *parle* du poème, ce Mauricien est encore poète.

Paris, le 14 février – L'imam Khomeiny appelle les musulmans au meurtre de Salman Rushdie, coupable d'avoir écrit un livre blasphématoire – *Les Versets sataniques* – dont la publication a déjà provoqué des émeutes au Pakistan.

Paris, le 16 février – A Londres, les éditeurs demandent à Margaret Thatcher de ne pas céder à la violence intégriste. A Paris, Christian Bourgois, qui devait publier ces *Versets*, fait passer à la presse un communiqué, mais on ne sait au juste s'il renonce vraiment, ou si, pour assurer sa protection et celle de son entourage, il retarde la publication.

J'ai appelé à Londres l'agent de Salman Rushdie pour l'informer que si Bourgois renonçait, j'étais prêt à publier. Ils sont là-bas en pleine effervescence. Et sur la décision de Bourgois n'en savent pas plus que nous. *"Actually we cannot sell what's already sold."*

Olympia Alberti m'interviewait ce soir sur l'antenne de France Culture. Cela tenait du questionnaire de Marcel Proust. "Avez-vous eu un moment de bonheur, aujourd'hui ?" Comme je n'étais pas venu seul, elle imaginait peut-être une confidence. "Oui, ai-je dit, et c'est de voir que l'on commence enfin à se mobiliser pour Rushdie, et à travers lui contre le fanatisme." Mais était-ce bien cela qu'elle voulait m'entendre dire ?

Arles, le 17 février – Ecrit pour *la Gazette* un éditorial que j'ai intitulé "Faut-il aussi tuer Ballester ?" et que j'ai placé sous le signe de Voltaire : "Si vous voulez qu'on tolère ici votre doctrine, commencez par n'être ni intolérants, ni *intolérables.*"

Dans *l'Ile des jacinthes coupées*, le romancier espagnol Torrente Ballester prétend que Napoléon n'a jamais existé, qu'il s'agit d'une figure inventée par les ennemis de la Révolution française pour s'opposer à la pénétration des idées républicaines. Mais ce n'est pas une thèse révisionniste, c'est le récit qu'un vieil homme, devant les flammes d'une cheminée, fait à une jeune femme.

Maintenant, ai-je écrit, imaginons qu'un ayatollah bonapartiste, aveuglé par l'indignation, invite les nostalgiques de l'Empire à liquider l'Espagnol et ses éditeurs, promettant aux tueurs une forte récompense, assortie d'un lot d'indulgences qui, l'affaire tournerait-elle mal pour eux, leur ouvrirait les portes du ciel...

Le fanatisme compte sur la peur et le silence qu'il inspire. Y céder au nom de je ne sais quelle prudence (mais de quels intérêts, je le devine) serait d'une lâcheté immense. On ne peut se réclamer des Droits de l'homme, de l'humanisme, de la liberté d'expression, de la démocratie et en même temps se débiner au premier coup de trompette.

Arles, le 25 février – Encore une semaine arrachée comme une branche à l'arbre de vie.

De toutes les variables qui règlent notre existence, le temps est la plus déterminante. Que l'on accélère ou que l'on ralentisse, et plus rien ne ressemble à ce que l'on voyait.

Affaire Rushdie, encore. Publiera, publiera pas, publiera plus tard ? Notre nom s'est trouvé dans les médias avec ceux des éditeurs que les mystères de leur confrère ont inquiétés. Mais, sitôt après cette levée, Christian Bourgois a annoncé, dans un nouveau communiqué, qu'il allait coéditer *les Versets sataniques* avec ses "amis" de Fayard, de Gallimard et du Seuil et qu'il n'avait pas de comptes à rendre aux "donneurs de leçons". Pendant ce temps, dix morts dans les émeutes à Bombay.

A Prague, Vaclav Havel a été condamné à neuf mois de prison pour avoir participé à la manifestation commémorative pour Jan Palach. J'ai fait une lettre à Vaculík pour l'inviter à Paris à l'occasion de la sortie prochaine de son livre, *la Clef des songes* et une autre à l'ambassadeur de Tchécoslovaquie à Paris pour lui demander de faciliter ce voyage. Mais la démarche est vaine. Vaculík s'est vu confisquer son passeport et on ne le lui rendra pas.

Il y a un moment déjà que Chantal Colleu, conseiller culturel auprès de l'ambassade de France à Bucarest, me demande d'aller faire une conférence là-bas. Première réaction : pas le moindre gage au régime de cet odieux "génie des Carpates" ! Mais le Quai insiste et Chantal m'assure que je fais erreur. "L'ambassade de France est tenue pour la plus contestataire par le régime Ceausescu car c'est là que les intellectuels et les écrivains trouvent encore accueil et réconfort, me dit-elle. Et par une conférence à la bibliothèque française vous leur feriez entendre de ces choses qu'ils ne peuvent plus trouver ailleurs." J'ai demandé leur avis à des amis roumains en exil, à Georges Banu, à Virgile Tanase. J'ai été surpris par l'unanimité. "Il faut que tu y ailles !"

Des pêchers imprudents se sont mis à fleurir du côté d'Avignon. Le froid revient qui va décimer ces coquets.

Jeudi, déjeuné avec Christine, à Ansouis, chez les Burgaud. Incomparable parfum des vieilles amitiés. Nous avons parlé de Colette dont Françoise a préparé l'édition complète pour la belle collection *Bouquins* de Guy Schoeller. Elle s'est éclipsée un instant et est revenue avec une photo où l'on voit Colette (cheveux ébouriffés, regard de feu) au moment où elle est reçue à Bruxelles par les membres de l'Académie royale. Mais qui vois-je derrière elle ? La tête du médiéviste qui, jadis, pour me punir d'options politiques qu'il désapprouvait, m'obligea, par un zéro pointé (une note jamais vue, jamais reçue) à quitter l'université de Bruxelles et en quelque sorte (mais là, merci, monsieur C.) à finir mes études (beaucoup plus tard) à l'université de Provence.

Le surlendemain, lettre de Françoise qui a lu, dans l'heure qui a suivi notre départ, *les Ruines de Rome* que je lui avais apportées. De sa belle écriture, toute de franchise déjà dans le tracé des mots, elle me dit qu'elle a aimé le contrepoint fascination-répulsion autour du personnage de Norma. "Plus tu vas, écrit-elle, plus tu écris aigu." C'est la première lettre reçue.

Lu le second tome du *Journal* de Matthieu Galey. Avec avidité. D'abord pour voir s'il parle de ce 14 juillet 1985 à Shanghai où, en compagnie de Marie-Christine Barrault, je l'ai rencontré pour la dernière fois et, le sachant perdu, j'ai tenté de comprendre le regard qu'il promenait sur les invités du consul. Pour en savoir plus, ensuite, sur ses relations avec les gens que je connais, même si, enfoui dans ma province quand je ne suis pas à l'étranger, je ne les fréquente guère. Enfin parce que me fascine ce filament dont l'incandescence faiblit peu à peu et qui s'éteint pour la littérature le 23 février 1986 (sept mois à peine après la rencontre de Shanghai) avec des mots que la lecture du livre rend insoutenables : *Dernière vision, il neige. Immaculée conception.*

Paris, le 28 février – Déjeuné au *Comptoir de l'Evénement* (gardé par la police à cause de l'affaire Rushdie) avec Anne Walter qui parle comme elle mange, de si loin. Nous évoquons la publication de ses nouvelles sous le titre : *Rumeurs du soir*. Anne me fascine avec son art subtil de ne nommer ni les événements ni les débordements. Sa voix chante un peu et l'on dirait qu'à aucune de ses phrases elle n'inflige de point final. Chacune reste comme suspendue. Il me vient de telles rencontres une impression que je crois partagée, à en juger par les allusions qu'y fait Anne dans ses lettres : que nous repartons l'un et l'autre avec une grande corbeille de non-dits.

Rome, le 1er mars – Après un vol aussi éprouvant que le passage du cap Horn (Raymond Jean et moi avions rapetissé de vingt centimètres et l'hôtesse était au bord de la nausée), arrivée dans la pluie et des embarras dignes de *Fellini Roma*. Une voiture de l'ambassade nous a jetés à l'hôtel *Portoghesi* où j'ai l'impression de me retrouver, avec de moindres dimensions, au *Pod Rosa* de Cracovie. Dans le fatras urbain du centre, où il y a, dirait-on, plus de voitures que de piétons et même de maisons, ce sont les ruines qui dominent. Ces *ruines de Rome* dont Raymond Jean m'a entretenu pendant le vol avec son habituelle chaleur.

L'une des surprises quand on voyage avec Raymond Jean, c'est qu'on retrouve toujours des étudiantes qui ont suivi ses cours à Aix et viennent lui montrer leur gratitude. Cette fois, c'est une petite Maltaise. Entre trois averses, sous un ciel cendré et bientôt dans la nuit, cette aimable Vicki nous a guidés dans les quartiers anciens où chaque place paraît répondre à des exigences théâtrales. A la fin, dans une de ces ruelles où sans cesse on risque de se faire écharper par une mobylette, quelque part entre les sièges de la Démocratie chrétienne et du P.C., Vicki nous a menés chez Vezio, un petit bar dont les murs sont couverts de portraits des héros communistes, de Marx à Berlinguer. C'est peut-être le seul endroit au monde où l'on peut voir, côte à côte, ceux de Staline et de Gorbatchev. Le patron de ce troquet a levé le poing avant de nous serrer la main.

Rome, le 2 mars – Interview fort matinale à la RAI avec Franco Scaglia. Persistante prétention des Français à infliger leur langue à ceux qui font tant d'efforts pour la pratiquer. Stupeur des Italiens devant le nombre de nos publications théâtrales. Dans la conversation, j'évoque le retour des acteurs de cinéma au théâtre. "Chez nous, dit Scaglia, à part Mastroianni..."

A l'aller par le Tibre, au retour par la Via del Babuino, retrouvailles avec la Rome de mes souvenirs. C'est comme une vieille demeure où les meubles n'ont pas changé de place, où simplement l'usure des choses est plus visible. Une phrase des *Ruines de Rome* a retenu Raymond Jean qui la cite à plusieurs reprises. C'est l'exclamation de Norma (p. 59), reprochant à Jérôme de n'être pas venu dans sa loge : "Je t'aurais gobé d'un seul coup !" Et je m'aperçois que dans Rome nous ne faisons pas autre chose, nous la gobons, cette ville, quartier par quartier, en parlant d'amours anciennes.

Déjeuné avec le conseiller culturel et sa suite dans un restaurant situé sur les lieux mêmes où Brutus aurait assassiné César. Avec une certaine désinvolture, j'ai très vite abandonné la conversation qui s'épuisait dans des généralités, pour m'enfermer dans un dialogue avec Eliane Hubert, la libraire de la Procure, dont le beau profil grec révèle les origines arlésiennes.

Au Centre culturel, en fin d'après-midi, Raymond Jean et moi nous sommes rendu compte que la petite conférence à deux voix que nous avions préparée sur le thème de la coopération entre un auteur et son éditeur n'avait pas de sens. On nous a livrés aux questions d'un meneur de jeu qui sacrifiait à la mode qui consiste à danser avec adresse dans l'ignorance.

Luba Jurgenson, qui traduit les romans de Nina Berberova, en écrit pour son compte et réside à la villa Médicis, est passée nous voir. Elle avait l'air de savoir qu'il ne pouvait rien se passer d'important et a disparu comme elle était apparue.

Le soir, dans l'appartement d'Anne-Marie Sauzeau, j'ai retrouvé Jacqueline Risset. Et cette fois pour moi seul, pas dans l'affluence des Assises de la Traduction. J'ai pu ainsi lui dire combien j'étais touché par sa poésie.

Rentré à pied, par une nuit très douce que lacéraient de leurs piaillements des étourneaux qui, sensibles à la clémence du temps, ont interrompu leur migration. Comment font-ils pour se chamailler ainsi toute la nuit et, au matin, reprendre leurs vols acrobatiques ?

Rome, le 3 mars – Vicki la Maltaise nous a promenés dans le Transtévère et le ghetto, une vraie léproserie qui ressemble aux quartiers que décrit Paul Auster dans *le Voyage d'Anna Blume.*

Au moment où nous passions le contrôle de police à Fiumicino, les bouches d'aération de l'aérogare ont commencé à cracher une fumée âcre. *Panica generale.* Evacuation et attente... C'était la centrale thermique qui avait pris feu.

Au Paradou, le 4 mars – Remise des Césars du cinéma, cérémonie sans éclat jusqu'au moment où Isabelle Adjani (de nos jours, dit-elle, il arrive encore qu'un artiste soit maudit) entreprend de lire une page des *Versets sataniques* de Salman Rushdie. Quelle leçon donnée par une femme qui risque plus que d'autres en s'exposant !

Paris, le 8 mars – Hier soir, Norbert Rouland, que je recevais à la librairie à l'occasion de la sortie de presse de son manuel d'anthropologie juridique, soulignait qu'en cette année du Bicentenaire, nul ne s'était encore ouvertement avisé qu'une autre date aurait pu requérir notre attention, celle (1492) de la découverte de l'Amérique, qui marque dans l'histoire le commencement de la fin pour des cultures et des civilisations dont nous avons interrompu les accomplissements avec brutalité et ignorance.

Bernard Pivot venait d'inviter Nina Berberova pour le vendredi 5 mai. Quelques heures plus tard, son assistante appelait pour nous dire que l'invitation était compromise. Les gens d'*Apostrophes* venaient en effet d'apprendre que ceux d'*Ex-Libris* négociaient pour TF1 l'achat du film tourné à Princeton par la télévision suisse, et méditaient de passer ce document avant le 5 mai. Sans garantie d'exclusivité, Pivot renonçait. Téléphoné aussitôt à Pierre-Pascal Rossi. Calmé le jeu.

J'avoue aimer les bonnes manières. Celles de Rossi, celles de Suzanne Lilar qui prend soin de me télégraphier le plaisir que lui ont donné *les Ruines de Rome*, celles d'Anne Sinclair qui, après avoir lu mon éditorial *(Faut-il aussi tuer Ballester ?)*, me fait un mot pour me remercier de "montrer dignité en cette affaire".

Anvers, le 9 mars – Par le train, arrivé ce matin à Anvers qu'un jeune journaliste me fait redécouvrir, au soleil. La ville me paraît plus large, plus ouverte, plus consciente de sa tradition architecturale qu'elle ne l'était du temps où je la hantais.

Devant les étudiants d'une catholique école de la traduction, j'ai plaidé pour saint Jérôme. Puis j'ai tenté de savoir s'il arrivait que l'option religieuse les obligeât, dans leurs exercices de traduction, à certains contournements de sens. De petits coups de pouce d'inspiration idéologique accentuent parfois ou, au contraire, voilent dans la traduction certaines propositions. Bof, semblaient dire les regards.

Mais ce n'est pas pour eux que j'étais revenu à Anvers, c'était pour répondre à l'invitation d'un cercle culturel et féminin, francophone de surcroît. Connaissant les susceptibilités engendrées en Belgique par la question linguistique, j'avais humé un petit parfum de révolte ou de résistance qui n'était pas pour me déplaire. Mais j'étais sans illusions, pour m'entendre parler d'édition j'allais avoir trente auditrices à tout casser. J'en eus cinq cents.

Elles étaient réunies dans l'auditorium d'un grand hôtel. Comment parler de l'édition devant une si disparate assemblée ? Elles venaient toutes de déjeuner, la chaleur était insupportable, le moindre ennui les ferait tomber en somnolence. J'imaginais déjà un concert de ronflettes. Je ne me tirerais de cette situation effrayante, me suis-je dit, qu'en leur "racontant" quelque chose, des péripéties qui leur feraient une sorte de feuilleton. Une idée m'est venue. J'ai remis mes notes dans ma poche, décroché le micro et me suis avancé au bord de la scène. "Il vous importe donc de savoir ce qui fait courir un éditeur ? leur ai-je dit. Eh bien, Nina Berberova !" Et je leur ai raconté dans l'improvisation la découverte, la rencontre, les éditions successives, mes voyages à Princeton, les voyages de Nina en France, ses souvenirs dans lesquels j'ai puisé à pleines phrases... La plupart de mes auditrices avaient de l'âge. L'histoire de Nina leur est apparue comme une preuve que tout peut arriver, même très tard, même d'être découverte, révélée, la "quatre-vingtaine" passée. Leurs questions en ont témoigné.

Liège, le 10 mars – Pour mon deuxième cours devant mes étudiants si peu bavards, j'avais choisi de parler de l'assistance que certains éditeurs, par la promotion, la publicité et le bouche-à-oreille organisé, croient utile d'apporter aux lecteurs ignorants. Quelques exemples à la clef, je leur ai montré les dangers du réductionnisme et du détournement de sens par des commentaires démagogiques ou racoleurs.

Bruxelles, le 11 mars – L'attachée de presse de Grasset a profité de la Foire du Livre de Bruxelles pour m'organiser des rendez-vous en chaîne. Et tous ces journalistes qu'elle a convoqués, sans exception, ont lu *les Ruines de Rome...* Chose curieuse, c'est la voix de Norma qui paraît les avoir intéressés le plus. Ils n'ont pas tort. A Anne-Marie La Fère, à la radio, je confesse que ce roman est né d'une interrogation secrète sur les mystères et les indiscrétions de la voix. Ecouter ce que dit une voix, et que les mots ne disent pas.

Le soir, bu de la vodka, fort tard, au bar du *Métropole*, en compagnie d'un Brochier à la voix délicatement éraillée et d'une créature à la voix confidentielle qui me donnait le mal de mer avec ses balancements de fleur sur sa tige.

Bruxelles, le 14 mars – Réunion aux Communautés européennes sur les questions du livre. Me suis fort rapproché du délégué anglais, un Graham Greene qui n'a d'autres rapports avec son homonyme qu'un cousinage, mais qui, en revanche, a bien connu Moura Boudberg à laquelle Nina a consacré son importante biographie. N'ai cessé d'insister sur la nécessité du prix unique, citant l'exemple de la déconfiture suédoise après l'abrogation de cette disposition qu'ils étaient parmi les premiers à avoir adoptée. Dans les négociations de ce genre, c'est souvent le plus patient, le plus *testard* qui l'emporte.

Arles, le 16 mars – Thorkild Hansen est mort en voyage, il y a quelques semaines. Nous devions nous rencontrer bientôt. Son maître livre paraît maintenant porter son deuil : *Mort en Arabie.*

Aix, le 17 mars – Pendant près de cinq heures, Michel Guérin sur la sellette pour la soutenance de sa thèse avec l'essentiel de ce que nous publierons bientôt sous le titre *La Terreur et la Pitié*. Chacun des membres du jury y est allé de sa critique, parfois de sa perfidie. De toute évidence, la figurologie, inspirée par Rilke, dérange certains dans leurs systèmes et leurs habitudes. Ils se méfient d'un homme qui se désengage de la dialectique immanence-transcendance, ils aiment peu s'entendre dire que la vérité est inséparable de son administration, et ils perdent les pédales entre la terreur grecque et la pitié chrétienne. Alors, ils brocardent. L'un d'eux n'hésite pas à dire qu'après avoir écouté Guérin il pense que Platon devrait avoir son effigie dans les sex-shops. Un autre l'accuse d'être malin, rusé. "Et la mort ?" fait un troisième. "Ce sera pour le second tome, dit Michel, *La Pitié*." Et le questionneur de s'exclamer : "On a échappé au pire."

Pourquoi ces simagrées, ces ironies, si c'est pour donner tout de même à Michel la plus haute appréciation *à l'unanimité* ? J'avais envie de me lever et de leur lire un texte de Georges Duby : "Très rares sont aujourd'hui en France les penseurs dont l'écriture, appliquée au traitement de questions graves et qui nous concernent tous, procure un plaisir semblable à celui que l'on prend à lire Voltaire ou Montesquieu. Michel Guérin est de ceux-là." Tu entends, Gringoire ? Michel Guérin est de ceux-là !

Paris, le 20 mars – D'une crainte dont je lui avais fait confidence, Yves Berger, que j'interroge sur la lenteur de la presse à parler des *Ruines de Rome*, fait une certitude. De sa voix la plus provençale il me dit : "Tu es victime de ta gloirrre d'éditeurrr(e)." Quels mots de vaudeville !

Patrick Gaultier me fait rencontrer Alain Gheerbrant au *Comptoir de l'Evénement*. Gheerbrant, que je connais comme éditeur de K. et auteur d'*Orénoque Amazone*, me regarde de ses petits yeux à la Léautaud, puis d'une voix râpeuse me parle du projet qui a justifié notre rencontre : un livre "transversal" qui puiserait dans les épisodes de sa vie multiple les éléments d'une réflexion autobiographique. Une fois dehors, je me rends compte que j'emporte plus d'impressions que de certitudes. Ce livre-là n'est encore qu'un fantasme. Mais on a vu des fantasmes se transformer en chefs-d'œuvre comme citrouilles en carrosses.

Ce soir, un *Mariage de Figaro* endiablé à la Comédie-Française, dans la mise en scène d'Antoine Vitez. Cela tourne même parfois à la comédie musicale. Louise jubile.

A l'entracte, rencontré Pivot qui me confie qu'il a téléphoné à Nina Berberova, à Princeton, pour lui annoncer que, sur le plateau d'*Apostrophes*, elle serait en compagnie d'Henri Troyat, Michel Tournier et Raymond Devos. "Troyat, vous connaissez sans doute ?" lui a-t-il dit. "Je l'ai même rencontré." "Et Michel Tournier?" "J'ai lu presque tous ses livres, a répondu Nina, et c'est même avec eux que je me suis remise à lire le français, il y a quelques années. Mais je dois vous faire un aveu : j'aime mieux les premiers que les autres." Quant à Raymond Devos, Nina ne le connaît pas. Complicités, découvertes, je sens que Bernard Pivot commence à jubiler, il est sûr de son plateau. Et il repart dans les couloirs.

Arles, le 23 mars – La Semaine sainte pour laquelle Jean-Paul Capitani a institué depuis quelques années une nouvelle tradition arlésienne, celle des concerts de musique baroque, s'est ouverte hier dans l'église du Méjan où il n'y avait plus une place libre, avec deux oratorios exécutés par William Christie et un petit groupe des *Arts Flo*.

Le premier, de Giacomo Antonio Perti, n'était pas le plus accompli des deux, mais à coup sûr le plus troublant. Au moment où Dominique Fernandez se répand pour opposer la grâce et la création homosexuelles aux préjugés vulgaires, ces lamentations d'un prêtre amoureux viennent comme une démonstration.

Plus fort, plus théâtral aussi – et quelle occasion de s'enivrer de la belle voix d'Agnès Mellon dans le rôle de la Vierge –, le second oratorio, de Luigi Rossi. Dans cette *Settimana Santa*, la voici, cette Vierge, confrontée à des démons ricaneurs et cyniques dont elle finira pourtant par dominer le tumulte. Et sa douloureuse victoire est à cet instant la nôtre.

Tard dans la nuit, parlé avec Bill (William Christie) du mystère de ces voix qu'il invite, par d'invisibles caresses, à monter de l'obscur fond des corps vers le ciel.

Dans *le Monde*, en parlant d'Actes Sud, Bernard Frank célèbre un catalogue qu'il compare, pour sa richesse et les rêves qu'il engendre, à celui de... la Manufacture de Saint-Etienne.

Arles, le 24 mars – Hier soir, après le concert minutieux de Jordi Savall et de sa *Capella Reial*, dîner aux chandelles à l'étage de l'église. Cent invités triés par les mécènes de cette semaine sainte (étrange cliquetis de ces mots-là), édiles et banquiers. En ma qualité de président d'Actes Sud – qui est tout de même le premier mécène de ces manifestations – j'étais à la haute table, entouré d'épouses baguées. Mais j'avais aussi le privilège d'avoir devant moi les yeux de velours de la belle Montserrat Figueras.

Ce midi, exténué par ces nuits trop brèves, je me suis étendu, après le déjeuner, sur la table de conférence dans mon bureau. Et me suis endormi d'un coup. A deux heures, un élève journaliste de l'université d'Aix, avec qui j'avais rendez-vous, perdu dans le dédale de nos couloirs, a ouvert ma porte au hasard et a trouvé le PDG qu'il venait voir, tel un cadavre sur une table de dissection.

Arles, le 25 mars – Datée du 12 mars, la réponse de Vaculík est arrivée, prévisible. "J'ai bien reçu votre invitation qui m'a fait plaisir. J'ai tout de suite demandé au ministère de l'Intérieur de me rendre mon passeport, mais il est plus que certain qu'ils ne le feront pas... Ce ne sera pour moi qu'une bonne occasion de les détester un peu plus."

Au Paradou, le 26 mars – On est passé à l'heure d'été, les bourgeons des platanes se sont ouverts, dardant de petites langues vert tendre, les arbres de Judée roses fleurissent en même temps que les cerisiers blancs, et le mistral est tombé comme une baudruche dégonflée. Un autre cycle de l'année commence.

Au Paradou, le 1er avril – Le voilà donc au mas, en compagnie de sa muette épouse, ce fameux Sergueï Zalyguine qui dirige depuis deux ans *Novy Mir* et dont on dit qu'il prépare la publication de Soljenitsyne en URSS. Premier acteur de la perestroïka que je puisse voir de près, cet ingénieur agronome, souriant, discret, habile à l'humour, a plutôt des airs de médecin de campagne. Le couple a débarqué ici avec Elena Joly (qui porte pour l'occasion une robe d'opérette) et Inna Tchekalova qui est chargée, à l'Union des écrivains, des relations avec la France. Avec ces deux traductrices, la conversation peut aller bon train.

Le gorbatchévien tranquille – dont les traductrices me glissent qu'il ne fut jamais membre du parti – se dit confiant car les élections récentes ont été favorables à Gorbatchev. Mais il navigue, se montre prudent, il ignore tout de nous. Pour nous jauger, ou par diversion, il raconte une histoire qui le secoue de rire pendant que les interprètes la traduisent... Dieu, interrogé sur l'établissement d'un paradis terrestre, répond à de Gaulle : "Dans quarante ans." "Aïe, je n'y serai plus !" s'exclame le général. Et à Reagan : "Dans un siècle." "Malheur, on ne parlera même plus de moi !" Et enfin, à Brejnev (car l'histoire date de ce temps), Dieu de dire que c'est Lui qui ne serait plus là pour le voir...

Zalyguine lève sa coupe de champagne, me regarde au fond des yeux : "Je te souhaite de vivre jusqu'à cent ans et, arrivé à cet âge, de mourir d'une crise de jalousie !"

Au Paradou, le 2 avril – Zalyguine, en ce dimanche, est apparu à la table du petit déjeuner avec l'air d'un vieil ami de la famille. Son épouse trottine près de lui, mais nous ne nous parlons que par sourires car toute question se perd dans les sables de son silence. Sur l'assiette de Sergueï j'ai posé *le Provençal* où un grand article lui est consacré qui a été écrit par le journaliste venu hier.

Le temps est digne de la légende provençale. J'ai décidé de mener mes invités au Camp de Richelieu d'où l'on a sur les Baux une vue sans pareille et, certains jours comme celui-ci, un horizon illimité. J'explique, j'indique, je montre et prête mes jumelles. Mais

Zalyguine se tient à l'écart, assis sur un quartier de roche. Je veux aller vers lui... "Non, fait Inna, laisse-le. Il pressent que ce premier voyage en Provence est aussi le dernier. A son âge... Et puis, pour lui, la France est le pays du bonheur égoïste, de l'impossible, de l'inaccessible bonheur. Laisse-le *s'imprégner.*"

L'après-midi, je les ai conduits à Saint-Rémy, en ce lieu restauré, ranimé avec talent, où Armand Panigel a engrangé ses quelque deux cent mille disques, ses enregistrements musicaux et ses archives cinématographiques. Chaque fois que je vais là, je suis surpris par un nouvel aménagement dans ce vieux moulin à huile. Cette fois la discothèque monumentale, dessinée sur le modèle de la bibliothèque de l'Automobile Club, vient d'être équipée d'une installation pour le vidéodisque. Un écran descend du plafond ou monte du sol, je ne sais plus, des haut-parleurs pareils à des gratte-ciel l'entourent, les volets de bois, sur un geste d'Armand, glissent devant les fenêtres, et de profonds divans nous attendent. Pressé de choisir, Zalyguine a pointé, sur la carte qu'en maître d'hôtel lui tendait Armand, des passages de *Cosi fan tutte*, de *Madame Butterfly* et de *la Tosca*. Mais avant que le spectacle commence, il demande à Inna de me glisser dans l'oreille qu'il a l'impression d'être accueilli dans les salons du capitaine Nemo. Armand Panigel, dit-il, a dû fréquenter Jules Verne.

Ce soir, à table, nous avions aussi Raymond Jean. Puisqu'il n'avait pas assisté aux conversations de la veille, le feu des questions a repris qu'avec les réponses de Sergueï traduisaient Inna et Elena. On a reparlé de Nina Berberova. "Nina Nikolaïevna, mais tout le monde la connaît en URSS, ont dit en chœur Inna et Sergueï. Les uns l'ont lue en samizdat, les autres ont commencé à prendre connaissance de sa biographie dans la revue où elle paraît."

Nous nous sommes interrompus pour regarder la télévision et montrer à Sergueï que l'URSS était en ce moment au centre des journaux d'information (les élections récentes, l'escale souriante de Gorby en Irlande, sur le chemin de Cuba) et des magazines d'actualité. Or, Boutang présentait ce soir, dans *Océaniques*, la poétesse Irina Ratouchinskaïa. Elle a évoqué les quatre millions de déportés qui, selon elle, étaient encore au goulag dont elle est rescapée. Elle parlait russe – le film était sous-titré –, Zalyguine pouvait donc l'écouter sans le concours des interprètes. Il paraissait hébété.

L'émission achevée, il s'est repris avec difficulté et nous a fait dire par Inna : "Quatre millions, c'est impossible... mais même si c'est un seul, elle a raison de parler comme elle l'a fait."

Pour remettre la conversation en train, Raymond Jean a évoqué la figure de Tvardovski qui dirigea *Novy Mir* avant Zalyguine. L'œil assombri, Sergueï a raconté ses deux dernières rencontres avec Tvardovski. D'abord le jour où, dans un grave silence, Tvardovski lui avait remis les clefs du bureau. Puis, quelque temps après... à la morgue. On en avait interdit l'entrée à la famille, aux amis, aux écrivains et artistes. Le hasard avait voulu que Zalyguine arriva en retard. Il n'y avait plus qu'un factionnaire en train de cuire des patates. Pour cinq roubles, il avait permis à Zalyguine d'entrer et de se recueillir devant la dépouille. "Cette rencontre-là, murmure Sergueï, m'a fait beaucoup réfléchir."

Cette manière de dire les choses en demitons n'est pas du goût de tout le monde. La ronde des questions recommence, je sens monter la lassitude de Sergueï. Pourquoi les autres ne la sentent-ils pas ? "Et la perestroïka, demande-t-on, comment la voyez-vous ?" Sergueï sourit : "Je l'ai dit un jour à Gorbatchev, la perestroïka, je la vois comme une voiture dont il faudrait réussir à changer les roues sans arrêter sa course." Flottement. Une autre question vient.

Soudain, le sang au visage, Zolyguine lève les deux poings et parle d'une voix tremblée. "Avez-vous déjà vu le cimetière de Sainte-Geneviève ? Le monde est plein de cimetières russes. Depuis huit décennies nous avons perdu des millions de gens, aucune famille n'a été épargnée, des pans entiers de notre culture ont été abattus qu'on ne pourra jamais relever. Vos révolutions à vous ont si peu duré ! La nôtre dure toujours et nous avons tant perdu qu'en fin de compte nous avons tout perdu. Cette immense excavation russe..." Des larmes coulent sur ses joues. En trois minutes la tragédie russe a été révélée dans son horrible nudité, avec un désespoir insurmontable. Dans de pauvres mots malmenés par la traduction simultanée tout a passé, l'espérance avec le goulag, la foi, le malheur.

Sergueï s'est levé. Que pouvais-je lui dire qui ne fût dérisoire ? Nous sommes tombés dans les bras l'un de l'autre. Même s'il ne comprenait pas, car Inna et Elena se tenaient, paralysées, loin de nous, je lui ai dit à l'oreille que nous étions désormais d'une seule, d'une même famille.

Arles, le 3 avril – Hier soir, Louise avait quitté la table pendant les aveux de Sergueï, et cela m'avait choqué. Ce matin, je lui dis : "Tu es partie bien vite, tu n'as donc pas compris quelle page d'histoire devant toi..." Elle m'interrompt, d'une voix que brise l'émotion. "Et toi, tu n'as pas compris pourquoi je me suis enfuie ?"

Les dés sont jetés. *C'est moi qui souligne* est sorti de presse. C'est un gros pavé de six cents pages, vendu cent quarante francs, qui contraste tellement avec les minces romans publiés jusqu'ici. Trouvera-t-il les mêmes lecteurs ?

Liège, le 6 avril – Au restaurant où m'avaient amené des collègues de l'université, je tombe sur Maurice Barthélemy. Ce vieil ami n'est pas seulement le musicologue que nous publions, c'est aussi l'animateur des Amis de Jean Giraudoux. Et il me dit cette chose étonnante : qu'en moyenne, on joue une pièce de Giraudoux chaque jour dans le monde.

Avec les étudiants qui se dégèlent un peu, parlé de l'écart qui, au bout de la course du paratexte, sépare l'ambition initiale de l'accomplissement final. Et dieu sait les surprises qu'on peut avoir ! Combien de fois se demande-t-on en secret, dans les coulisses de l'édition : "Est-ce bien ce que je voulais ?" Allons, avouez, chers confrères !

Au Paradou, le 8 avril – Nina Berberova, tôt ce matin, a appelé Christine de Princeton où c'était la pleine nuit. Elle avait reçu le premier exemplaire de *C'est moi qui souligne* et voulait la féliciter pour le portrait qui orne la couverture. "Oh non, s'exclame-t-elle, ce n'est pas moi, ce n'est plus moi... mais les deux petits points blancs dans les yeux... comme je me reconnais là ! C'est un miracle. Il n'y a plus personne qui ait pu vous dire que j'étais comme ça. Ils sont tous morts." Et après un silence : "Je suis une survivante."
Je lui parle à mon tour : "Avec de tels livres, vous *êtes* l'éternité, Nina." Elle reprend : "Non, il ne faut pas me dire des choses pareilles." Je lui raconte la rencontre avec Zalyguine. "Je connais, dit-elle, et ça ne va pas durer, ça ne va pas bien là-bas, je le sais par les lettres

que je reçois. Je ne crois pas que j'irai à Moscou cette année."

Au Paradou, le 9 avril – La célébration du bicentenaire de la Révolution prend de l'ampleur. Mais entre ceux qui, au nom des Droits de l'homme, mettent sous le coude la violence et la Terreur, et ceux qui avec celles-ci récusent les Lumières, pourquoi n'entend-on pas plus de voix accréditant l'idée que liberté et justice s'honoreraient d'une condamnation rétrospective et prospective de la violence ? Il y a bien eu, l'autre soir, Jorge Semprun qui, interrogé par Anne Sinclair, a dit avec force que la violence n'avait de légitimité que dans la restauration d'un Etat de droit... C'est, hélas, une voix bien solitaire.

Arles, le 11 avril – Déjeuné au Vaccarès, à l'invitation de Jean-Pierre Camoin, avec Daniel Toscan du Plantier, Maurice Pialat et Daniel Auteuil, pour évoquer le tournage, en Arles, d'un film sur Van Gogh. Daniel Auteuil s'est laissé pousser la barbe. Je ne sais si c'est déjà dans cette intention. Mais la ressemblance est troublante.

Pialat et Toscan ont repéré dans notre librairie une stagiaire. Du vif-argent. Ils veulent son adresse pour lui faire tourner un bout d'essai. Ils ignorent qu'elle a posé pour un photographe de renom et a déjà été exposée, nue, sur bien des murs.

Arles, le 12 avril – Reçu Armand Meffre à la librairie, ce soir, pour la sortie de son roman, *Ceux qui ne dansent pas sont priés de quitter la piste*. Cet homme corpulent qui, sur scène, au cinéma, dans les conversations, a des gestes pleins de finesse et parle avec aisance, ce soir remue, gronde, gémit, rugit comme un fauve pris dans un filet quand je l'interroge sur ses origines, sa Provence, son père, sa vocation. Et même, dans l'émotion que lui donne ce premier livre, le bon acteur lit mal son propre texte. Mais on a tous compris et on ne l'en aime que davantage.

Strasbourg, le 14 avril – La FNAC, pour quelques rendez-vous médiatiques autour des *Ruines de Rome,* m'a invité ici, et m'a réservé une chambre dont les fenêtres s'ouvrent sur la cathédrale. Toute la nuit, ce monstre rose sous les yeux, et d'heure en heure le compte du temps. *Ultima necat.* Quand ? Charles Vanel l'admirable vient de mourir, tout au bout du chemin.

Paris, le 18 avril – A huit heures quinze, ce matin, rajeunie, souriante, les cheveux d'un blond légèrement sablé, moins roux que l'an dernier, d'une marche lente, légère, au bras de Diane de Furstenberg, Nina Berberova m'est apparue à Roissy. Comme les autres fois – à croire que le voyage aérien la tonifie – elle s'est mise tout de suite à parler, à me confier ses dernières informations (Diane me disant pourtant que la plus grande partie

de la nuit, elles l'avaient passée à discuter).
En attendant ses bagages, puis dans le taxi,
Nina me parle des événements de Russie,
des gens. Et soudain, à propos d'*Apostrophes* :
"Savez-vous que je suis reconnaissante à
Tournier d'avoir apporté une réponse à une
question qui me préoccupe depuis si longtemps ?" Elle se demandait, m'explique-t-elle,
quel âge pouvait avoir l'enfant dans la ballade
de Goethe, *Le Roi des aulnes*. "Je m'en dou-
tais, ajoute-t-elle, mais Tournier me l'a confirmé avec son roman... Seize ans, l'enfant a
seize ans, c'est un adolescent." Suivent des
commentaires sur l'homosexualité qui, à son
avis, a depuis longtemps un rôle dans le gouvernement du monde. Je pensais à la préface
de son autobiographie, où même Flaubert et
Tourgueniev... Je l'ai laissée chez Alexandra
Boutin où elle résidera pendant ce séjour. Il
était temps qu'elle se repose un peu. Mais se
reposera-t-elle ?

Ce midi, chez Vénus Khoury Ghata, avec
René de Obaldia et quelques amis, agapes li-
banaises à l'heure où les Syriens écrasent
Beyrouth sous un déluge de feu. On parle
évidemment du monde éditorial. "Regardez
la Pléiade, dit un journaliste du *Figaro*. Cette
collection s'enrichit aujourd'hui d'auteurs
que Gallimard a refusés jadis : Proust, Cé-
line, et maintenant Gracq."
A Obaldia je raconte une représentation
où *le Misanthrope* était fort malmené par la
mise en scène. "C'est obligé, me dit-il, point

de Molière aujourd'hui qui ne soit métaphysiquement triste. L'humour est un péché."

Arles, le 19 avril – Guy Rohou était ce soir mon quatre-vingt-dixième invité à la librairie. En voilà un que l'édition a malmené. Et que des éditeurs ont laissé tomber au prétexte de ventes trop confidentielles. Les mêmes qui, dans les débats publics, clouent l'Amérique au pilori parce que, n'étaient les éditions issues de l'université, le champ éditorial serait interdit à tout ce qui ne promet pas d'être *best-*, voire *megaseller*.

Mais d'écrire pour deux mille lecteurs, en est-on moins écrivain ? Nous ne publions pas *la Guerre immobile* de Rohou avec l'idée de faire un malheur. Mais avec la conviction de donner vie à un livre d'essence précieuse (au sens proustien du mot). Que ceux qui sont chargés d'éclairer les lecteurs prennent la peine d'y entrer, et je m'engage, s'ils n'y trouvent pas jouissance, à leur rembourser le prix du livre.

Salle pleine. Le pessimisme de Rohou a fait merveille en se nourrissant de lui-même. "On ne l'est jamais assez", a-t-il dit. Il voulait nous faire comprendre, je crois, qu'on ne voit jamais mieux la lumière que du fond des ténèbres.

Arles, le 20 avril – Au moment de mettre au point les illustrations de *Parole de forçat*, ce récit que Claude Barousse a composé avec les lettres et le dossier du forçat Arthur Roques, envoyé au bagne comme faux-monnayeur, Bertrand Py sort d'une boîte, légères comme des ailes de papillon, quelques-unes des lettres – les originales, encore bien ! – par lesquelles le convict tentait de faire l'éducation des siens. La méticulosité, le soin, la grâce de l'écriture, la noble naïveté du pédagogue, tout m'émeut dans ces documents si proches et si lointains. Et de pouvoir *toucher* ces lettres me donne la sensation que l'histoire d'Arthur Roques échappe à l'imaginaire pour revenir au réel.

Arles, le 21 avril – Quinze mille exemplaires de *C'est moi qui souligne* sont déjà partis. Nouveau tirage lancé aujourd'hui. A Paris, les journalistes défilent chez Alexandra Boutin pour rencontrer Nina.

On va peut-être retrouver, par le *Cosmos*, le film de propagande soviétique dans lequel le père de Nina paraît à l'écran avant d'être exécuté pour trahison. Ce film, Nina l'avait vu à Paris dans les années trente, sans savoir que son père y était figurant. C'est la dernière image qu'elle a vue de lui. Pivot voudrait incruster ça dans *Apostrophes*, sans avertir Nina. Sans l'avertir ? Elle a beau prendre de la hauteur quand il est question du sentimental, elle peut avoir un choc. Si on retrouve le film, je crois que je l'avertirai discrètement.

Paris, le 24 avril – Quand je suis arrivé au *Sélect*, boulevard du Montparnasse, Nina était déjà aux mains d'Antenne 2. Sylvie Marion m'installe près d'elle, sans nous laisser de temps pour les effusions et me demande d'entamer une conversation sur le quotidien dans la vie de Nina à l'époque où elle fréquentait cet endroit. J'entreprends donc Nina sur les écrivains qu'elle a rencontrés en ce temps-là. "Non, non, fait Sylvie, ce n'est pas du tout ça... Fais-la parler des travaux d'aiguille et des petits métiers !"

Christine m'a rejoint. Nous étions invités à dîner "chez les Lang", rue de Valois, avec quelque deux cents personnes, peintres et écrivains pour la plupart. Michel Tournier m'a dit combien il était "impressionné" de passer à *Apostrophes* avec Nina Berberova.

Christine et moi étions à la même table que Françoise Giroud. Je lui ai parlé de cette émission. Peut-être que pour sa chronique de télévision dans *le Nouvel Observateur*...

Trois minutes d'aparté avec Jacques Lang. L'ai entrepris pour que la France, qui n'a pas su découvrir Nina quand elle y habitait et y écrivait l'essentiel de son œuvre, lui marque au moins, aujourd'hui, quelque reconnaissance. L'Ordre des Arts et des Lettres peut-être ?

Paris, le 25 avril – Malgré des averses à répétition, plus de deux cents personnes sont venues à la Maison des écrivains pour la conférence de presse de Nina. Je lui avais demandé de dire quelques mots avant de se soumettre aux questions. Elle est souveraine à ce jeu. Et qui dirait presque nonagénaire cette femme improvisant avec bonheur, balayant de commentaires d'une grande clarté les quelques sujets importants sur lesquels elle sait qu'on va la cuisiner ? Les questions fusent. Nina répond, émeut, fait rire, sourire, raconte, rajeunit à vue d'œil.

Au déjeuner qui a suivi, Nina, qui mange peu, ne parlait plus guère. Elle enregistrait, avec le soin qu'elle met à ces choses, les commentaires de Jacques Drillon qui venait de lire l'autobiographie avec curiosité, allégresse, et quelques pointes d'agacement. Puis elle a écouté Marthe Robert qui, à propos de l'Allemagne, dissertait sur la différence entre culture et civilisation.

Plus tard, chez Alexandra Boutin, Michel Polac est venu, lecteur fidèle de la première heure. Il a convaincu Nina d'assister demain, en spectatrice, à l'émission qu'il lui consacre et qui sera diffusée plus tard. Puis il a parlé du papier qu'il vient d'écrire pour *l'Evénement* – "Les Années grises des Russes blancs" – où il reproche aux Français de ce temps-là de n'avoir rien vu, rien compris. "Tchekhov aurait été parmi les émigrés, dit-il, les Français ne s'en seraient même pas aperçus." Il embrasse Nina, l'air de dire : Vous en êtes la preuve.

Retrouvé le film de propagande où figurait le père de Nina mais, curieusement, le passage qui nous intéresse a été coupé.

Genève, le 26 avril – Foire aux livres ou aux ragots, ce salon de Genève ? On murmure que Jacques De Decker entrerait au jury du Renaudot, on dit que le Goncourt, cette année, c'est pour Vautrin, on dit que son Ruban de la Francophonie, Agota Kristof le doit à une négociation du Seuil avec le jury qui avait désigné Orsenna, on dit des choses déplaisantes sur un de mes amis...

A l'hôtel *Beau-Rivage*, dîner en l'honneur de cette Agota Kristof qu'un directeur de banque, donateur du repas, s'empresse, dans son discours de bienvenue, d'appeler Agatha Christie. Voilà une profession nouvelle : formateur culturel des nouveaux Maecenas. Allons, les belles oisives cultivées, faites vos offres de service !

Genève, le 27 avril – Je n'en croyais pas mes yeux, j'ai amené Raymond Jean sur les lieux du délire... Dans une allée, de superbes lithos érotiques, un peu dans le style de Wallace Ting, en plus *hard* peut-être, sont exposées juste en face d'un stand religieux à l'enseigne de "la bonne semence".

Ce soir, Françoise et Jean-Paul m'ont rejoint dans ma chambre, à l'hôtel, pour regarder à la télévision le film que Pierre-Pascal Rossi a tourné à Princeton. Nina, au volant de sa voiture ou au fond de son fauteuil, chez elle, comme un astronome qui vient de quitter son télescope, raconte ce qu'elle a vu. On est suspendu aux lèvres de cette intarissable.

C'est trop court, c'est trop peu. Un grand désir frustré. Et pourtant cela fait vingt minutes.

Genève, le 28 avril – Invité au petit déjeuner de la radio suisse, j'ai le droit d'appeler en direct une personne de mon choix par téléphone. J'ai, cela allait de soi, choisi Nina. Ravie, elle raconte que Polac qui l'avait invitée en spectatrice l'a menée, hier, sur le plateau et que là Claude Roy le premier l'a prise dans ses bras.

Invité de longue date à un déjeuner-débat dans le vieux Genève, au Cercle de lecture que fréquenta Lénine. Il me semble que les auditeurs, âgés, compassés, attentifs, et pas vêtus de rien, me donnent enfin à voir un échantillon de cette société genevoise dont m'a tant parlé Albert Cohen. Dédié cette petite corrida à la belle Catherine Unger que j'avais rencontrée la veille au *Beau-Rivage* et qui me conduit à l'aéroport.

En vol, vingt et une heures – L'avion de la Swissair que j'avais pris à deux heures, afin d'arriver dans l'après-midi et de rester près de Nina Berberova jusqu'à l'heure d'*Apostrophes*, a été touché par la foudre. Privé de compas, le commandant a décidé de se dérouter vers Zurich alors que nous approchions de Paris. Là, rien n'avait été prévu. C'est un week-end rouge. Nous ne sommes repartis qu'à vingt heures trente. Et me voilà en l'air, entre Dijon et Paris, à l'heure où d'un dernier mot je devrais conforter Nina sur le plateau d'*Apostrophes*. Je ne vais presque jamais avec les auteurs chez Pivot. Je préfère m'installer devant mon téléviseur. Mais cette fois je désirais passionnément accompagner Nina pour une prestation que j'attendais depuis trois ans. En haut lieu on en avait décidé autrement. J'ai relu les épreuves du *Mal noir* que j'avais emportées. C'est un roman qui va étonner.

Paris, nuit – Suis arrivé en régie juste avant la fin (et encore l'ai-je dû à un chauffeur de taxi à qui j'ai raconté l'affaire et qui, de Roissy à Antenne 2, m'a conduit en quinze minutes). A Pivot qui demandait à l'exilée si elle préférait l'Amérique ou la France, une vingtaine de Nina, sur les moniteurs de la régie, répondaient d'une seule voix en racontant la vision qu'elles avaient eue, ce soir, en venant ici, de la Concorde illuminée. La voix, un filet : "La France, naturellement..."

Miracle, pour une fois, Bernard Pivot consent aux prolongations, et dans une ultime intervention Raymond Devos dédie à Nina son sketch *Thérèse et Emmanuelle*. A la fin, tout le monde, même en régie, s'est levé et a applaudi.

Au dîner qui a suivi, Nina, que nous entourions tous (et même Louise qui avait lâché la préparation de ses concours pour assister à cette soirée), m'a interpellé : "Quelle idée de monter en avion le jour où je passe chez Bernard Pivot !"

Pour dîner, au lieu des petits plats gourmands que nous avions choisis, elle a exigé un verre de Dubonnet glacé et une crème brûlée. Dans les yeux du maître d'hôtel la surprise a vite cédé à l'amusement. Dubonnet glacé et crème brûlée, on devinait qu'il la resservirait, cette histoire.

Au Paradou, le 29 avril – Eh bien, sur mon magnétoscope je l'ai regardée, cette émission. Nina est séduisante comme jamais. Mais pourquoi Tournier a-t-il éprouvé le besoin (après lui avoir fait à son arrivée, m'a dit Bertrand, des compliments longs comme le bras) de prendre vis-à-vis d'elle de telles distances ? "Il y a évidemment beaucoup de richesses chez N.B., a dit M.T., mais dans un certain sens c'est mieux chez Troyat, parce que c'est construit, c'est bien fait." Pourquoi ? L'impatience où il était de parler de son propre livre ? Raymond Devos l'a bien charrié là-dessus. De toute manière, Nina a balayé ces détails par sa présence, par ses mots. "Vous êtes un roc", dit Pivot. "Non, répond-elle comme dans son autobiographie, je suis un fleuve."

Pivot avait invité Pierre Hébey, un lecteur qui a tout dévoré de l'œuvre de Nina et qui a tout résumé d'une admirable formule : "Des histoires de vaincus écrites dans un style de vainqueur."

Au Paradou, le 30 avril – Toute une parentèle, qui s'était montrée indifférente quand

173

Nina était dans la difficulté, maintenant se réveille, se manifeste, se retrouve russe, l'accable de protestations affectueuses. "Ils me fatiguent", dit-elle. Puis elle veut savoir si les propos qu'elle a tenus sur l'indifférence française d'avant-guerre ne m'ont pas semblé excessifs quand j'ai visionné l'émission. Je la rassure. Le reste de la conversation ne regarde que nous.

Arles, le 5 mai – Trois mille Berberova partent chaque jour dont mille exemplaires de l'autobiographie. Il aura fallu quatre ans et toute cette persévérance. Editer, ce n'est pas seulement découvrir, c'est aussi s'obstiner.

Le Jeu des ténèbres de Hanns-Josef Ortheil, *Un autre monde* de Jan Myrdal, *Le Courrier des bandits* de Zhang Xinxin et *Le Sourire d'Isabella* d'Yves-William Delzenne, quatre livres qui paraissent ce mois-ci témoignent que le mal-vivre ou le mal-vécu, plus que le bonheur de vivre, reste une des grandes ressources de la littérature.

Aéroport de Copenhague, le 6 mai – Ces Islandais qui se groupent pour monter à bord du courrier de Reykjavik, je cherche ce qu'ils ont en commun, et soudain je crois comprendre : hommes et femmes, vieillards et adolescents, ce n'est pas leur physionomie qui les réunit, mais leur manière de marcher en chaloupant, comme s'ils faisaient du ski de fond. Il me semble que les personnages de Bergman, les primitifs, marchent un peu comme ça. Avant que je parte, Odile Godard m'a dit : "L'Islande, mon bon ? Un tombeau, un ossuaire, une représentation de l'enfer !"

En vol, même jour – Voici l'Islande dans le crépuscule. De là-haut, c'est une croûte déserte, fripée, partiellement enneigée. Une grosse scorie sur la mer. Odile avait-elle raison ?

Reykjavik, même jour – Jean-Louis Depierris et Djurdja, sa femme, sont venus me cueillir à l'aéroport et tout de suite m'ont confié l'impatience dans laquelle ils sont d'une nomination à Chypre. La guerre larvée entre Grecs et Turcs plutôt que cette vie de relégués. "En Islande, me dit Jean-Louis, il y a plus de moutons que de voitures et plus de voitures que d'habitants."

Mais l'hôtel où l'on me loge a le charme scandinave, et le possède aussi la ravissante du bureau d'accueil, qui commence par m'offrir des chocolats. Dans l'escalier, le portrait d'une fort belle femme. "La présidente, dit Jean-Louis, et c'est confirmé, elle assistera à ta conférence." Quant à la chambre, un confort exquis. Ces mal nantis du climat sont des experts en *Gemütlichkeit*.

Reykjavik, le 7 mai – Comme il me semblait élastique le revêtement des rues, hier soir, en revenant de chez Depierris ! Avec le décalage horaire, j'étais debout depuis vingt-quatre heures, et puis... Et puis, que n'avais-je pas bu en compagnie de ce grand barde de Thor Vilhjálmsson (un écrivain ici presque aussi fameux que Laxness, un que nous allons bientôt publier, lui-même traducteur réputé de Malraux, une barbe rousse qui hante parfois Montparnasse et Saint-Germain, un qui a la réputation d'avoir un jour mis en fuite de petits malfrats parisiens qui l'agressaient), avec la cinéaste Christine Johannesdottir, Danielle Kvaran (encore une étudiante de Raymond Jean), et une vingtaine d'autres dont je revois les visages souriants mais n'ai pas retenu les noms compliqués ! Commencé par le champagne français qui vous donne des ailes, pour finir par la "mort noire", une vodka islandaise qui vous les coupe et que, par association avec Nina, dont j'ai beaucoup parlé, j'appelais le *mal noir*. A minuit, nous étions frères, Thor (braguette ouverte – pure distraction – et barbe en bataille) et moi (qu'il appelait William parce qu'il me trouve une ressemblance avec Faulkner), nous récitions des poèmes aux dames et nous racontions des histoires. Et puis, soudain…

"Raconte-lui l'invitation faite à Robbe-Grillet", dit un des convives... Thor raconte. Un jour, il invite l'écrivain français à venir sur l'île. "Combien d'habitants ?" demande celui-ci. "Deux cent cinquante mille", répond Thor. "Pas assez", fait l'autre. "Oui, mais en hiver ça double, dit Thor, *parce que les morts se lèvent.*" "J'arrive", répond Robbe-Grillet.

Donc, les cinq cents mètres qui me séparaient de l'hôtel, je les ai faits avec l'impression que, l'Islande s'étant reconvertie dans la culture de l'hévéa, on avait revêtu de caoutchouc les rues de Reykjavik. Et dans l'escalier de l'hôtel il m'a bien semblé que Mme Vigdis Finnbogadottir, présidente de la petite île, hochait la tête en souriant.

J'eus une secrétaire islandaise aux débuts d'Actes Sud et je voulais la saluer. Bonsoir, les ethnologues ! Les filles ont ici, pour nom de famille, le prénom de leur père complété par le suffixe *dottir*, et les garçons celui de leur mère avec *son* en prime. Les prénoms n'étant pas si nombreux, cela vous fait des séries interminables de patronymes identiques. Où donc était cette Regina Hardardottir parmi tous les Hardardottir de Reykjavik ? Il suffisait d'y penser : les abonnés sont, dans l'annuaire, classés par... prénoms ! Je l'ai trouvée, nous avons pris rendez-vous.

Jean-Louis m'a promené ce matin dans cette ville dépourvue de centre où, d'une odorante pêcherie avec étendoirs à poissons, on passe à la maison de style colonial qui fut le premier rendez-vous de Reagan et Gorbatchev, ville où les petits cargos au radoub sont installés sur les trottoirs, où une architecture cellulaire donne aux habitants, une fois venue la fonte des neiges, le spectacle de prairies noires et de plates-bandes boueuses, ville dans un coin de laquelle les baleiniers sont blottis au coude à coude dans la crainte d'une nouvelle agression des commandos nautiques de Green Peace qui en ont déjà endommagé trois.

Cet après-midi, avec Djurdja qui avait pour la circonstance abandonné sa croate traduction de Braudel, nous sommes partis vers la côte ouest. Le soleil nous a tenu compagnie tout le temps que nous avons longé le fjord des baleines. Avant que tombent pluie et neige qui soudain menaçaient, on m'a mené voir "la faille". Je n'en croyais pas mes yeux. C'est une vraie et profonde cassure, comme si l'île allait se briser un prochain jour en deux morceaux qui, tels des icebergs, partiraient à la dérive, l'un vers l'Amérique, l'autre vers l'Europe.

La faille qui s'élargit sans cesse offre par endroits un lit à des torrents. Il y en a un, me dit-on, et on me le montre, où l'on précipitait jadis les femmes adultères. Sauvagerie perpétrée à deux pas du plan incliné et moussu où les élus s'adressaient au peuple, un lieu pelé, dominant des lacs gelés, premier forum de la démocratie, le fameux "parlement" islandais.

Au retour, incursion dans un hypermarché sous serre où l'on peut même cueillir et acheter des bananes et des ananas frais. Et, de toute la journée, pas un flic, pas un soldat. Ils sont aussi invisibles que les arbres.

Ce soir, chez les Depierris, retrouvé Regina et son mari. Elle est toujours aussi belle, elle a les joues en feu, la voix qui tremble et sa démarche n'est pas très assurée. C'est qu'elle est un peu pompette parce qu'ils ont participé à cette manifestation historique qui marque aujourd'hui, par des dégustations gratuites, la fin de la prohibition de... la bière.

Reykjavik, le 8 mai – Comme à chacun de ces voyages, il y a les heures d'interviews. Ce sont toujours les mêmes questions. Mais cette fois elles sont vite bâclées pour en venir au sujet que Jean-Louis Depierris a soufflé aux journalistes : l'anthologie de la poésie islandaise qu'il voudrait me voir éditer. D'ailleurs, la raison de cette invitation, ne faut-il pas la chercher là ? Mais les anthologies de cette sorte, nous les éditons avec l'*Unesco* et je ne peux rien promettre sans cet aval.

Dans le sous-sol mal éclairé d'un grand restaurant, Thor Vilhjálmsson m'a reçu en compagnie de quelques écrivains et éditeurs qui, si j'ai bien compris, représentaient à la fois l'Union des écrivains et le PEN club. Ce que j'ai fort bien compris, en revanche, c'est que tous les auteurs présents étaient de l'anthologie.

Thor, dans un discours en anglais, a souhaité que je revienne bientôt "pour ramer avec eux sur la barque viking de leur ancestral imaginaire"... Le plus surprenant pour moi, chez ces gens de lettres islandais, c'est leur peu de goût pour l'Amérique et les romanciers américains. J'aurais cru le contraire. Mais ils se tournent plutôt vers la Scandinavie, et Göran Tunström, avec son *Oratorio de Noël*, est pour eux un héros.

Dix minutes avant l'heure dite, à l'université, une dame fort blonde et de belle taille s'est amenée seule, après avoir garé sa voiture. Ces petits yeux plissés, ce sourire maîtrisé, ces fossettes rieuses et les deux incisives du dessus qui se recouvrent un peu, je les avais déjà vus dans l'escalier de l'hôtel. C'était Vigdis Finnbogadottir, la présidente de la République islandaise – et mon ego, en la reconnaissant, a frémi d'aise.

Il me fallait un incipit de circonstance pour cette illustre auditrice. J'ai suggéré qu'un club de chefs d'Etat lettrés fût créé dont elle, François Mitterrand et Léopold Sédar Senghor seraient les membres fondateurs. Puis j'ai indiqué que l'islandaise tradition de l'écrit et les records de lecture enregistrés ici (qui, multipliés par deux cents, coefficient correspondant à la différence des poids de population, donnent des résultats humiliants pour la France) m'incitaient à parler de l'édition française avec beaucoup de modestie. Et après ça, je suis parti...

Quand la Présidente est venue me féliciter dans un français sans bavure, je lui ai confié que j'étais incapable de m'exprimer avec la conviction qu'elle avait bien voulu souligner si je ne pouvais dédier ma conférence. Je me suis abstenu, on s'en doute, de parler de corrida. "Cette conférence, vous l'aurez compris, ai-je ajouté, je vous l'avais dédiée." Les présidentielles paupières ont battu l'air.

En vol vers Göteborg, le 9 mai – Avant de me conduire à l'aéroport, Jean-Louis Depierris m'a remis le manuscrit de l'anthologie comme on confie un pli d'Etat à un émissaire.

Vue d'en haut, l'Islande ressemble ce matin à un animal fabuleux dont l'échine et les flancs sont couverts d'une fourrure blanche.

Göteborg, même jour – Je venais de débarquer d'une caisse à savon, en provenance de Copenhague, ballottée pendant une heure sur grosse mer, j'étais arrivé sous une averse de chats et de chiens, j'étais installé depuis une demi-heure chez mes amis Griolet, déjà un enfant de seize mois me grimpait dessus et me faisait une scène pendant qu'un autre fouillait ma valise, et j'avais tout juste appris que je me trouvais dans une maison de *non-fumeurs*, quand Sabine m'a téléphoné d'Arles pour régler un problème de fabrication. Comme je ne pouvais pas lui expliquer devant mes hôtes la situation qui m'était faite, elle n'a rien compris à mon humeur.

Conférence à l'Alliance française. Très différente, dans le ton, de celle d'hier. Arbitre de mes mérites, Birgitta m'a promis une provision de saumon fumé.

Au dîner, en face de moi, une Danoise me raconte que son père a traduit les vingt-sept volumes des *Hommes de bonne volonté* et que, chaque matin, au petit déjeuner, comme d'autres s'interrogent sur le pain quotidien, lui se demandait, prenant sa famille à témoin de ses incertitudes, si Jules Romains serait content de son travail du jour. Elle ne me dit pas si le maître l'était, mais elle semble avoir gardé de cette époque une sorte de rancune à l'endroit de nos compatriotes.

Une autre femme, plus vieille, avec des airs de conspiratrice me remercie d'avoir parlé de l'Islande dans ma conférence. "Les Islandais, monsieur, ici on les écrase." Et, l'index sur les lèvres, cette folle murmure : "Les juifs, monsieur, ah, les juifs..."

Göteborg, le 10 mai – Les Griolet m'ont emmené dans les îles, au nord de Göteborg. Ciel lumineux mais vent à vous déshabiller. Déjeuner dans un restaurant dessiné par Carl Larsson. Si nous avions été seuls, je suis sûr que Birgitta m'aurait encore raconté l'une de ces histoires dont elle a le secret. Mais en couple, c'est son mari l'écrivain, c'est lui le raconteur, il parle en spécialiste de La Louisiane, des usages cajuns, et elle se tient en retrait, silencieuse. Sur le chemin du retour, elle a rangé la voiture devant une fumerie. Je suis reparti avec un saumon si gros que j'avais l'impression de revenir d'une chasse à la baleine.

En vol vers Bruxelles, même jour – Sur la Hollande qu'on survole, on pourrait jouer aux dames, aux échecs, au scrabble ou aux mots croisés. Le voyage me fait le même effet que certains textes qui paraissent n'avoir été écrits que pour permettre à l'imagination de s'envoler *ailleurs*.

Bruxelles, le 11 mai – A la Commission culturelle des Communautés, une fois encore le haut fonctionnaire qui, consultant notre groupe d'experts, devrait nous laisser débattre puis nous écouter, nous admoneste et nous brocarde. Cette fois, ne dissimulant rien de la dent qu'il a contre Jack Lang, il me prend à partie pour l'insistance avec laquelle je maintiens la nécessité du prix unique. A son avis, je suis, dans ce groupe, un sous-marin de la rue de Valois. "Vos arguments à propos de la Suède, me dit-il, m'avaient ébranlé, mais j'ai gratté *(sic)* et je suis édifié..." Il est sûr d'avoir bien planté ses banderilles et, satisfait, caresse la coupole étincelante de son crâne. "Je maintiens, dis-je, que la Suède montre l'exemple à ne pas suivre. Je ne gratte pas, moi, je vais voir, et... j'en reviens à l'instant. A Göteborg, toutes les informations que j'avais recueillies ont été confirmées. Economiquement, ça ne va pas mal, je vous l'accorde, les best-sellers se vendent bien, mais pour ce qui est du patrimoine littéraire et de l'édition de création, c'est assez désastreux."

Plaidé aussi pour que nous ne nous enfermions pas dans nos frontières communautaires et ne donnions pas naissance à un nouveau ghetto culturel. La Communauté se doit d'introduire ses littératures hors de ses frontières et d'accueillir celles des autres. On rejoint ainsi l'idée de la "grande maison" chère à Gorbatchev et à Mitterrand.

Au moment de nous séparer, je confie à mes collègues l'une de mes inquiétudes. Défendre le livre, oui, mais quel livre ? Il ne faudrait pas que les mesures préconisées favorisent en premier les ouvrages qui n'en ont pas besoin, ceux qui ne sont pas marqués du sceau de la nécessité et qui, déjà, bénéficient d'un soutien publicitaire digne des savons avec lesquels ils ont quelque parenté.

Bruxelles, le 16 mai – L'été, avec un mois d'avance, a fait à Bruxelles une entrée digne de celle du Christ de James Ensor.

Au *Métropole*, conférence de presse pour le lancement de la collection de poche *Babel*. Un monde fou, et au premier rang mon vieux maître, Albert Aygueparse, à qui je dois une bonne part de ma vocation.

Un ministre de la Culture était présent, celui de la Communauté française de ce pays qui a une tendance tragique à se réduire dans des fragmentations successives. J'en ai profité pour lancer un appel à l'instauration du prix unique en Belgique où on le refuse encore malgré les recommandations communautaires. Le ministre n'avait pas prévu cet écart. Son discours, écrit d'avance, laissait peu de place pour une réponse à mon appel.

Paris, le 16 mai – Même conférence de presse, cette fois à la Maison des écrivains de la rue de Verneuil. Le climat est très différent. A Bruxelles, c'étaient les journalistes que la curiosité avait piqués au sujet de *Babel*. Ici ce sont les libraires, venus en nombre.

Sur le plateau de Polac, dans l'émission enregistrée l'autre semaine, Nina paraît quand les invités ont achevé de débattre sur son œuvre. Claude Roy, comme me l'avait dit Nina, se précipite et l'étreint.

La conversation reprend. Il est question de poésie, Nina pense qu'il n'y a plus guère de poètes en URSS. Federovski, l'attaché culturel de l'ambassade, lui oppose Evtouchenko. Nina fait la moue. "Il remplit des stades", insiste Federovski. Cet argument, on s'en douterait, ne convainc pas l'ancienne compagne de Khodassevitch.

C'est maintenant en Chine que la lueur se lève. Ils sont des milliers, sur Tien An Men, qui, sans être inquiétés, réclament la démocratie devant les caméras du monde entier. Je pense à Rou-Shi, fusillé à trente ans, et à *Février*, son roman que nous avons publié en 1986, je pense aux bagnes qui s'appelaient "Ecoles du 7 Mai", je pense au sinistre carnaval maoïste qui faisait illusion, et je pense aux "cent fleurs" qui furent fauchées sitôt dressées...

Paris, le 18 mai – Ce soir, à la Porte de Versailles, inauguration du Salon du Livre. Nina trône au milieu de notre stand... en photo.

Longue conversation avec Jack Lang sur les problèmes soulevés à Bruxelles. Michel Rocard vient, lui aussi, me tend une main broyeuse. "Bonsoir, monsieur le président", fait-il. Puis il regarde, cherche à se repérer, revient vers moi du regard et demande : "Président de quoi, au juste ?" Je n'ai pas le temps de répondre, deux ou trois de ceux qui l'entourent se sont mis à lui fournir des explications. Il palpe, touche, feuillette, s'attarde. Du coin de l'œil j'aperçois Odile Jacob, notre voisine, qui trépigne. C'est chez elle que le Premier ministre a publié un livre, chez elle, pas chez nous...

Rennes, le 20 mai – Des librairies comme *les Nourritures terrestres*, où j'étais reçu hier soir, on n'en fait plus, on n'en voit guère. Ah, ce savant désordre, ces piles instables d'où le libraire, d'un geste sûr, retire l'ouvrage qu'on lui demande, ces photos d'auteurs – de vrais écrivains, pas des vedettes – mises sous verre et accrochées aux linteaux des bibliothèques...

Radio et télévision locales au rendez-vous. Dédicaces. Formules : *Les Ruines de Rome* dans les rues de Rennes...

Au *Grand Huit*, Pierre Debauche et quelques responsables rennais de la culture m'ont accueilli pour un dîner-débat auquel participaient nombre de comédiens. Leur présence et les propos de Pierre me décrivant comme un homme dont la destinée a été marquée par le langage, les signes et les femmes, m'ont inspiré un tour pour répondre aux questions qu'on me posait sur mon parcours d'écrivain et d'éditeur. Je suis parti de mes grands-parents, en un tournemain transformés en personnages de roman, pour raconter une histoire qui pouvait être la mienne, entrecoupée par la lecture de quelques pages plus ou moins autobiographiques de mes différents romans, de telle manière qu'à la fin, je l'espérais, mes auditeurs ne pourraient démêler vérité romanesque et mensonges de la mémoire.

Ce matin, Pierre Debauche est venu me prendre pour visiter la ville dont on a voûté la belle rivière afin d'établir des parkings. Curieuses dénominations, les cours d'eau d'ici, me fait observer Pierre : Vilaine, Rance, Sèche... Mais aussi quelle ville aérée et secrète, médiévale et renaissante, belle en un mot, qu'on a reconstruite après le grand incendie de 1720 ! J'aime aussi que le Palais de Justice où fut condamné Dreyfus soit devenu le lycée Emile-Zola. Et puis, de belles librairies où Berberova est reine...

Paris, même jour – Retour au Salon du Livre. Les exposants grognent. Quelques-uns des éditeurs de littérature affirment réaliser moins de cinquante pour cent de leur chiffre de l'an dernier. Pour nous, c'est quinze pour cent de plus. Un différentiel de soixante-cinq pour cent. Et puis, pour *la Gazette* qui vient de sortir à l'occasion de ce salon, j'ai écrit un éditorial dont on interprète les termes comme une sorte de trahison à l'égard de ceux qui ont la nostalgie du Grand Palais. "Il y a encore, dans ce pays, trop de gens, ai-je écrit, qui craignent de franchir le seuil d'une librairie, dans la peur où ils sont de ne posséder ni le savoir ni les moyens. Si le cadre de la Porte de Versailles les incite à faire le pas vers le livre, vers la librairie, nous n'avons qu'à nous réjouir."

"Eh bien, s'exclame Pierre B., admirable éditeur au demeurant, ils n'ont qu'à aller à la FNAC ou dans les grandes surfaces !"

Mais on dit que "Galligrasseuil" et quelques autres se seraient déjà regroupés pour retourner l'an prochain au Grand Palais. Moi aussi, bande de malins, je préfère le Grand Palais, et m'y rendre le matin en traversant la Seine qui le sépare de nos bureaux parisiens, moi aussi j'aime cette verrière de jardin des plantes, malgré le froid redoutable ou la chaleur excessive, malgré la pluie qui tombe sur les livres, moi aussi j'aime ce lieu qui est pendant une semaine la plus belle librairie du monde. Simplement, on ne saurait être éditeur sans se préoccuper de ceux qu'un tel lieu retient de faire un premier pas vers le livre...

Pendant ce temps-là, les petits étudiants chinois tiennent toujours, face aux chars, place Tien An Men.

Alain Gheerbrant, de sa voix grumeleuse, m'explique que l'histoire de l'Amérique

moderne a commencé avec le premier con-
quistador qui s'est débraguetté devant une
Indienne. "Misères et grandeurs américaines
viennent de là", dit-il.

Paris, le 23 mai – Journées folles, folle chaleur, ventes en folie. Par rapport à l'an dernier, nous avons maintenant augmenté nos
ventes au Salon de plus de vingt-cinq pour
cent. Les Berberova partent comme des petits pains.

Orly, le 27 mai – Conférence de presse de
Jack Lang, ce matin, rue de Valois. Après
avoir exposé les projets de son ministère
pour renforcer l'aide au livre, il fait l'éloge de
Christian Bourgois dans l'affaire Rushdie. Oui,
mais la France est l'un des rares pays européens où *les Versets sataniques* ne sont pas
encore édités. Il paraît maintenant que cela
ne se fera pas avec les partenaires prévus et
dans l'ignorance des "donneurs de leçons",
mais avec la caution de tous ceux qui vou-
dront bien manifester leur approbation mo-
rale à cette publication.

La famille de Gaulle traîne en justice Jean-
Marie Besset et veut, par référé, obtenir le retrait de l'affiche de *Villa Luco* au motif qu'on
ne saurait tolérer, si peu de temps après sa
mort, une représentation du grand homme
par un comédien.

Au Paradou, le 30 mai – La sagesse que les anciens attribuaient à la vieillesse... si c'était parce que en ces temps-là on était vieux à quarante ans ?

Arles, le 1er juin – Venant de Strasbourg (après une tournée en Italie et en Allemagne) Nina a débarqué à Marignane, au bras de Murl Barker. Sa manière de rentrer en scène n'a pas changé. Elle veut surprendre, et c'est peut-être sa manière de déjouer l'emprise du temps.

"Parmi les très nombreuses choses que vous ignorez encore, me dit-elle pendant que nous longeons les Alpilles, il y a celle-ci, mon cher : je suis la première, et sans doute à ce jour la seule personne qui ait traduit en russe *les Liaisons dangereuses.*"

C'était hier. Aujourd'hui, alors que nous parlons des *Chroniques de Billancourt*, que nous publierons un jour prochain, elle me dit : "Le soir, en ce temps-là, je ramassais mes cheveux en chignon et les dissimulais sous un chapeau de Khodassevitch, j'enfilais un de ses costumes, et j'allais observer la vie nocturne des émigrés russes de Billancourt."

Maintenant, elle m'interroge sur l'adaptation que Claude Miller prépare pour *l'Accompagnatrice.* "Saura-t-il faire passer avec assez de finesse l'attirance homosexuelle ?" me demande-t-elle.

Démarche aboutie. Jack Lang confère à Nina le titre de Chevalier dans l'Ordre des Arts et des Lettres. Mais nous ne disons rien, c'est le maire qui lui en fera la surprise lors de la réception officielle qui a été prévue.

Arles, le 2 juin – Pendant que nous allions vers Arles par les vignobles, ce soir, Nina me confiait qu'elle se sentait dans la situation des peintres qui, même s'ils ont du talent, attendent parfois longtemps la consécration, plus que dans celle des écrivains pour qui la reconnaissance, si le talent est au rendez-vous, est beaucoup plus rapide.

Autour de Nina et de Murl, j'ai réuni ce soir dans mon bureau les cadres de l'entreprise, donnant à chacun mission d'exposer en peu de mots la part qui lui revient et les missions qui sont siennes dans la gestion éditoriale de l'œuvre berbérovienne. Je voulais que Nina se rende compte que ses éditeurs provinciaux n'ont pas moins de professionnalisme que les parisiens. Opération apparemment réussie.

Au Paradou, le 3 juin – Nina, installée au mas, lit beaucoup. Soudain elle relève la tête. "Quand mon nom est apparu dans la liste des auteurs sélectionnés pour le Prix Médicis l'an dernier, dit-elle, un homme qui avait tenté de me faire expulser des Etats-Unis par la CIA est mort de jalousie dans la journée qui a suivi. Un comparse du premier, six mois après. Les autres, ajoute-t-elle en riant, les autres ne sont pas jaloux."

Au Paradou, le 4 juin – Hier, nous parlions de l'affaire Rushdie. Nina, exaspérée par les menaces de mort et les méfaits terroristes, me disait : "Ah, s'il suffisait de pousser sur un bouton pour les faire tous disparaître, je n'hésiterais pas..." Ce matin, mort de Khomeiny. C'est elle qui me l'annonce au petit déjeuner.

Très en verve, elle m'informe soudain (toujours le besoin de surprendre) qu'elle peut encore me proposer pour publication des études sur Nabokov, sur le Tolstoï tardif (après *Anna Karénine*), sur le symbolisme des réalistes russes au XIXe. Avec la voix du petit prince qui demande un dessin, elle dit : "Fais-moi un contrat." Sait-elle que pour la première fois elle vient de me tutoyer ?

Elle reprend ensuite le vouvoiement pour me demander si je connais la fable du crapaud jaloux du mille-pattes. Sans attendre, sûre que je ne la sais pas, elle dit que le crapaud demanda à l'insecte ce qu'il faisait de sa soixante-septième patte quand il levait la neuf cent quatre-vingt-dix-neuvième. Et l'insecte demeura immobile, pétrifié dans la réflexion, pendant que messire crapaud s'en allait, vengé.

Décidément merveilleuse d'entrain, Nina prend un nouveau virage. "Et savez-vous quel est le plus grand bienfait de la révolution d'Octobre ?" Je sais qu'elle haïssait les abus du régime tsariste, je m'avance à petits pas... Elle me coupe : "La révolution m'a délivrée de la tutelle de ma gouvernante, et de la musique et de la peinture, arts auxquels m'obligeaient mes parents."

Arles, le 5 juin – A Pékin, l'armée a dégagé la place Tien An Men avec les chars et les fusils. On parle de mille cinq cents morts et de dix mille blessés. Thierry Desjardins raconte qu'il a vu un char écraser des manifestants puis reculer pour tenter d'arracher à ses chenilles des corps pas tout à fait privés de vie.

Arles, le 6 juin – Quand elle a deviné qu'on allait la décorer, Nina, d'un bond de jeune femme, s'est levée du fauteuil où le maire l'avait installée dans son cabinet. Mais elle croyait que cela se limiterait à des insignes municipaux. Aussi, quand le maire lui a épinglé le bijou des Arts et des Lettres, la surprise a été totale. Et comme je l'embrassais, elle m'a glissé à l'oreille : *"You have arranged all this !"*

Plus tard, dans la soirée, je la fais monter sur la scène du plus vaste de nos trois cinémas. La salle est bondée, deux cents personnes d'un seul élan se lèvent et font une ovation qui, je le vois bien à son regard, donne à Nina le vertige.

Dans la fiévreuse communion de cette soirée, il m'a semblé percevoir de multiples sens. Ce que les auditeurs applaudissaient en même temps que cette illustre dame, ce n'était pas seulement le talent, c'était aussi la victoire de la lucidité sur la sénescence, le *happy end* d'une histoire où l'héroïne avait failli sombrer avec ses livres dans un oubli définitif, et surtout, surtout, les retrouvailles de deux Russies. Le succès de Nina leur paraît sans doute une des facettes de la perestroïka.

Au Paradou, le 7 juin – Une journaliste de la télévision munichoise s'amène avec un caméraman et un preneur de son. Quand tout est réglé, Nina installée, la journaliste s'engage dans une interrogation filandreuse, interminable, où il est question du rapport qu'on peut établir entre le *je* des petits romans et celui de l'autobiographie. Nina la regarde, ne pipe mot, et je sens que la trapéziste va se ramasser. Silence. Le caméraman abandonne son œilleton, le preneur de son tourne ses boutons, la journaliste tremble un peu. Elle finit par demander : "Quelle est votre réponse ?" Alors, Nina : "Mais quelle était la question ?"

"Après ça, je veux boire", fait Nina. Je prépare le plateau. Lui sers un porto. Elle me regarde au fond des yeux. "J'ai pris une décision. Désormais, nous nous tutoierons."

Au Paradou, le 8 juin – J'ai fait observer à Nina, qui en avait tant signé, que je n'avais pas un livre d'elle qui me fût dédicacé. Elle a levé le nez. Je savais qu'elle en avait assez de toutes ces signatures. "Bon. Que préfères-tu ? Une dédicace ou une lettre ?" J'ai dit sans hésiter : "Une lettre." Elle a souri, c'était la bonne réponse. J'ai ajouté : "Manuscrite."

Car elle fait tout son courrier sur son petit ordinateur. Elle a pouffé, l'air de dire : Ça, on verra !

Elle est partie cet après-midi, en m'assurant qu'elle allait consacrer ses droits à me téléphoner chaque semaine et à venir chaque année en France. Puis, à la dernière minute, très vite, très bas : "Pour la première fois de ma vie, je sais que je suis à l'abri du besoin. Grâce à toi." Elle s'est retournée, affairée comme si elle avait égaré un objet.

Orly, le 12 juin – Les deux premiers Roumains que j'ai repérés dans la salle d'attente tenaient chacun à la main un livre de poèmes sur méchant papier, celui que nous avions au lendemain de la guerre, sec et cassant.

Me voici donc en route pour l'inquiétant pays du "génie des Carpates", du "Danube de la pensée". Fallait-il y aller ? De tous les avis recueillis, ce sont ceux de mes amis roumains qui ont compté. "Oui, disaient-ils en substance, va leur parler, il faut qu'ils sachent que nous sommes avec eux, il faut que de temps à autre quelqu'un le leur rappelle." Et Chantal Colleu : "Ce sont les dissidents eux-mêmes qui le souhaitent."

Mais que sais-je de ce pays, hors les abominations actuelles que la presse nous rapporte ? Si peu... L'Orient et l'Occident, le latin et le slavon, le pétrole et les prunes, la maison et la forêt, la Transylvanie, la Moldavie, la Valachie, une galimafrée de noms, pour la plupart des exilés de longue date et tant de morts parmi eux : Tzara, Horia, Cioran, Ionesco, Gheorghiu, Eliade, Bobesco, Popesco, Lipatti, d'autres qui ne reviennent pas tout de suite à la mémoire qui les sollicite, et ceux de mes amis que je ne note pas sur ce carnet que j'emporte.

Bucarest, même jour – Dès l'arrivée à l'aéroport, les signes du régime : militaires en faction le long des pistes, trois contrôles successifs, une fouille corporelle et un visa qu'il faut acheter en devises fortes... Puis en ville des allées désertes, détournées du sens que pouvait jadis leur donner une certaine opulence, des voitures officielles aux rideaux baissés, de brinquebalants trolleybus et des piétons à l'échine basse. En même temps, je suis averti que cela n'est rien, que je n'ai encore rien vu.

Chantal m'installe chez elle, une villa léguée à l'Etat français par un ingénieur qui eut des malheurs en amour et, pour oublier ou se délecter de ses déboires, accrocha au mur du grand salon un nu voluptueux qui ne déparerait pas les cimaises du musée d'Orsay. Chantal me prévient tout de suite que la maison doit être truffée de micros et qu'il faut éviter d'y parler de certaines questions. Les Français se sentent particulièrement surveillés depuis que leur Président, leur gouvernement et la presse ont accentué les critiques contre le régime roumain. Et le personnel diplomatique est particulièrement mal vu à cause des relations qu'il entretient avec les intellectuels, et de l'aide discrète qu'il tente d'apporter à ceux qui sont victimes de brimades.

"Mais le jeu vaut la chandelle", me dit Chantal en m'assurant que je serai conquis par les Roumains qu'elle me fera voir, en particulier ceux qu'elle a invités ici ce soir. Reste à savoir s'ils obtiendront de la milice l'autorisation qu'ils sont obligés de solliciter sitôt l'invitation reçue. Or, presque à l'instant, Dan Haulica, sur lequel Chantal comptait beaucoup, téléphone. Il ne lui est pas "possible" de se joindre à nous. Ce qui, en clair, veut dire... "Et savez-vous, me chuchote Chantal, que si la milice leur accorde l'autorisation de se rendre à une invitation, ils sont tenus de faire un rapport sur leurs rencontres et les conversations auxquelles ils ont participé ?"

Chantal et son mari avaient donc eu l'idée de mêler des écrivains roumains aux invités de la réception organisée ce soir à l'occasion du départ des conseillers politiques des ambassades américaine et hollandaise. La milice n'y aurait vu que du feu. Du feu ? La plupart des Roumains se sont débinés. Et la soirée eût pour moi manqué d'intérêt si elle ne m'avait fourni la première démonstration de cette méfiance à l'endroit de la *securitate* (qui en est, qui n'en est pas, les domestiques, les extras ?), si à table et au salon on ne m'avait montré comment éviter de prononcer des noms qu'on griffonne en vitesse sur des bouts de papier qu'on détruit ensuite, si je n'avais vu comment les gens, pour commenter les humeurs capricieuses du régime, se parlent à voix basse, front contre front, s'il n'y avait eu là quelques Roumains, en particulier une actrice connue, aux questions trop pressantes. Ça m'a rappelé le temps de l'Occupation.

Bucarest, le 13 juin – Dan Haulica, je l'ai tout de même vu ce matin. A la Maison des écrivains – bel hôtel XVIIIᵉ –, dans une salle lambrissée qu'on appelle "l'écoutoir" parce que, m'a dit Chantal en m'y conduisant, elle est truffée de micros et que les conversations qui s'y tiennent sont enregistrées en permanence.

Dan avait l'air de flotter entre deux eaux d'une fatigue profonde, avec un visage diaphane, des yeux en retrait. Il n'a pas reparlé de la soirée où il n'est pas venu. Il était entouré de l'équipe de *Secolul 20* qu'il dirige – et peut-on faire confiance à chacun d'eux ? On a beaucoup chuchoté et l'essentiel a été discuté en tête-à-tête au jardin.

La plupart des numéros de *Secolul 20*, montrés avec fierté, datent de plusieurs années et il n'y a plus eu de livraison depuis des mois. Dan est dans l'œil du système répressif. Cela se sent, inutile de l'interroger là-dessus. Et puis aussi, qui suis-je pour lui, et que serais-je capable de glisser dans des oreilles malveillantes ? J'ai certes la caution de Chantal mais on ne peut ici que se méfier.

Alors on préfère éviter des sujets compromettants, me faire voyager dans les numéros anciens, et je ne tarde pas à me rendre compte que cette revue est un modèle d'humanisme, quelque chose qui, en plus volumineux et avec une tendance plus littéraire, ferait penser à *la Lettre internationale* d'Antonin Liehm.

Comment aider Dan à faire encore parler cette revue ? "Concevez un numéro spécial, lui ai-je dit dans un coin du jardin, confiez à l'ambassade de France, qui me les enverra, les papiers des écrivains roumains de votre choix et les noms des auteurs étrangers que vous ne pouvez contacter d'ici, que j'appellerai de votre part, et je vous éditerai en France un numéro spécial de *Secolul 20*." Au retour, Chantal m'a dit : "Dan vous a répondu par un sourire. C'était manière de vous remercier. Je suis sûre qu'il a compris l'importance de votre offre. Je parierais qu'il s'est déjà mis au travail."

Un peu plus tard, en visitant le centre de Bucarest avec Jean-Michel, le mari de Chantal, lui aussi conseiller à l'ambassade, je me suis très vite fait la réflexion : aurais-je pris mon appareil photographique, je ne m'en serais pas servi. Car, confrontées à la réalité, les photos que j'avais vues dans les magazines me paraissaient soudain avoir donné des dimensions encore humaines à ce qui n'en a plus.

Sans crier gare, par une ruelle tortueuse où il fallait marcher sur des parpaings pour éviter la boue, Jean-Michel m'a littéralement jeté dans l'avenue du Triomphe-du-Socialisme. Et là, frappé de stupeur, figé de surprise, tournant sur moi-même plusieurs fois, j'ai contemplé cette piste d'atterrissage de quatre kilomètres, plus large que les Champs-Elysées (qu'il faut alors imaginer sans arbres et sans contre-allées) où, s'il n'y avait bassins, arbustes et lampadaires, on pourrait faire décoller un Jumbo en direction de la colline artificielle que domine un palais quatre fois grand comme le Louvre, si délirant qu'il n'y a plus de mots pour en décrire la monstrueuse pâtisserie. L'ensemble inachevé qui, par le dire des dirigeants, se réclame des utopistes français du XVIIIe, et que je m'efforçais sans succès de rassembler dans mon regard, était parcouru par des escouades de militaires armés de pioches et de pelles, et sillonné par des camions se déplaçant comme des tanks sur un champ de bataille. Tout ce que j'avais lu, entendu, vu à propos de ce délire orwélien me paraissait maintenant relever de l'*understatement*.

Jean-Michel m'a dit que si Ceausescu se reposait sur sa femme pour les questions culturelles et sur son fils pour la conduite de la jeunesse, en revanche il avait confié l'exécution de cet extravagant casino à *une* jeune architecte et qu'on le voyait souvent en sa compagnie visiter le chantier, décidant de supprimer une tour pour la remplacer par une coupole ou une coupole pour y mettre une tour – ce qu'attestaient les transformations entreprises dès le lendemain. J'imaginais un Garcia Marquez roumain qui ferait un jour de ce couple – qu'Elena Ceausescu observait peut-être d'un œil jaloux – les héros d'une fable cruelle dans le style de *l'Automne du patriarche*.

Après m'avoir immergé jusqu'à la nausée dans cette hystérie architecturale, me laissant voir que les immeubles bordant les grandes avenues n'étaient occupés par rien ni personne et me racontant la ville ancienne, où le baroque souriant se dissimulait l'été dans des berceaux de feuillage, ville que ces sauvages avaient écrasée comme les nouveaux empereurs chinois leurs étudiants (les ruines servant à l'édification du tumulus où s'élève le palais), Jean-Michel m'a véhiculé pendant deux heures dans d'autres quartiers, ceux où l'on fait évacuer le soir un îlot qu'on rase la nuit et qu'on livre le lendemain à ces poseurs de parpaings dont il faut rectifier le travail maladroit par des placages de stuc. "Tiens, m'a dit Jean-Michel en me désignant un de ces chantiers qui sortait de terre, ici même je suis passé il y a moins de quinze jours et je me suis arrêté pour contempler quelques beaux hôtels XVIIIe qui demeuraient intacts parmi les arbres..."

L'après-midi, Chantal, avec l'intention de me changer les idées, m'a emmené au musée du Village. Ce pourrait être passionnant comme le sont les musées ethnologiques de Scandinavie, celui d'Oslo en particulier. Les fermes reconstruites et les maisons regroupées comme elles l'étaient jadis dans les communautés rurales sont bien belles. Mais le spectacle que m'a montré Jean-Michel revient et recouvre ce musée de plein air d'un nuage de cendres. Je sais que celui-ci date d'avant, mais aujourd'hui que la peste bucarestoise s'est attaquée aux villages, tout cela est d'une scandaleuse effronterie.

Au retour, le centre de Bucarest apparaît tout hérissé de grues. Je ne pourrai plus jamais, je le sais, voir de telles grues d'un œil indifférent. Elles me rappelleront à jamais la machine de guerre du *conducator*.

Réception à l'ambassade, ce soir. Des diplomates prudents ou divisés. L'un d'eux, d'une nation septentrionale où l'on a pourtant une vieille tradition démocratique, me fait un éloge appuyé du castrisme. Mais est-ce bien à moi qu'il s'adresse ? Ne parle-t-il pas pour les micros de la *securitate*, n'est-il pas en train de simuler ? Qui, à la fin, dit ici ce qu'il pense vraiment ?

Au moment où je prends congé, l'ambassadeur me dit que la milice est renforcée autour de l'ambassade, on se pose peut-être des questions sur ma présence, et il m'invite à la prudence. Il n'est pas minuit. Nous rentrons, Chantal, Jean-Michel et moi, par des avenues où les couples, en cette saison, devraient chercher la douceur complice des frondaisons. Mais de l'ombre ne surgissent

que les silhouettes armées aux couleurs vé-
gétales.

Mon dernier soin, le soir, et mon premier,
le matin, c'est d'aller contempler la belle
dame du salon qui, assise sur un drap parmi
des coussins, s'exposant de trois quarts dans
le bas pour faire valoir son cul admirable, et
de trois quarts dans le haut, bras levés, pour
que saille mieux le sein au bouton de rose,
hume, les yeux clos, une branche de jasmin.
Le tableau est signé Gaston Guédy et daté de
1927. Cette goutte de bonheur dans un océan
de turpitudes...

Bucarest, le 14 juin – Dans une cathédrale
de style stalinien comme on en trouve dans
tous les pays d'obédience socialiste, reçu ce
matin par les représentants des maisons
d'édition et un "délégué au protocole" qui a
tout l'air du mouchard de service. Tous sont
alignés comme seuls s'alignent, à l'exemple
des Russes, les bureaucrates de l'Est. Chantal, qui m'accompagne, a vite fait de deviner
mon irritation quand ces jaquemarts se mettent
à me débiter un discours que je pourrais interrompre et poursuivre à leur place, tant il
est stéréotypé. Mais, du regard, elle m'invite
à montrer de la patience : cette rencontre est
indispensable pour justifier les autres.

La manœuvre exceptée, qui donne un
semblant d'impartialité à ma visite, il ne vient
rien de cette rencontre. Rien... c'est peut-être
vite dit. J'ai dressé l'oreille quand ils m'ont

parlé du centenaire d'Eminescu que le régime célèbre avec faste. Il est manifeste qu'ils font parler un mort qui n'eût pas été de leur bord. Et une idée m'est venue pour la conférence que je dois faire...

Déjeuner, cette fois en mon honneur, à la résidence de l'ambassadeur. Jusqu'à la dernière minute le plan de table est modifié car plusieurs invités téléphonent pour dire qu'ils ne viendront pas – la milice leur a sûrement signifié une interdiction qu'ils n'osent transgresser. D'autres viennent qu'on n'attendait pas. Et par exemple, le philosophe Alexandre Paléologue qui ressemble à Fernand Gravey, parle un français délicat sur un ton de grande tristesse, est interdit de publication, et qui, me voyant fumer, s'avoue fumeur de pipe, lui aussi, mais, faute d'herbe, privé de son doux vice. Je lui ai promis que je laisserais à sa disposition, ici, la provision de Dunhill que j'ai apportée avec moi.

Sitôt le repas terminé, on va dans les jardins de la résidence où l'on peut enfin parler avec moins de retenue car on y est apparemment hors de portée des micros. Des *voix* me confirment que Dan Haulica est en mauvaise posture, que sa revue est suspendue, qu'il est privé de citation – c'est-à-dire que nul ne peut parler de lui –, que les miliciens se relaient devant sa porte et qu'il n'est pas autorisé à revoir les gens de l'ambassade.

Après cela, j'avais une audience prévue avec l'ambassadeur par qui je voulais faire parvenir à Doïna Cornea un message de soutien de l'université de Provence. "Pas ici, m'a-t-il dit, allons dans le sous-marin." Et il m'a emmené dans un blockhaus installé au cœur de l'ambassade. L'endroit justifie l'appellation : il est étroit, bas de plafond, climatisé, et l'on en ferme les écoutilles avec des volants. "Ici, m'a dit l'ambassadeur, je *crois* qu'on ne peut pas nous écouter." J'avais commencé à me demander si ces craintes, mises en garde, chuchotements, précautions ne relevaient pas d'une intoxication collective et si l'on ne redoutait pas ici ses propres craintes plus que leur objet. Mais on ne construit pas un "sous-marin" de cette importance pour se protéger de ses fantasmes.

L'ambassadeur qui m'a vu sortir mon carnet me recommande de le mettre sous enveloppe avant mon départ et de le lui confier pour qu'il me le fasse parvenir par la valise diplomatique. Faute de quoi il y a risque qu'à l'aéroport on me le confisque, avec toutes les conséquences que cela peut avoir, malgré mes précautions d'écriture, pour les personnes que j'ai rencontrées.

Quant à la motion pour Doïna Cornea, on la lui remettra – mais plus tard. Ces temps derniers, il est arrivé à plusieurs reprises qu'un délégué de l'ambassade qui allait pour rendre visite à un dissident, afin de s'assurer de son intégrité physique, a été pris à partie, battu comme plâtre, et qu'avant même son retour ici l'ambassadeur a été averti par les autorités roumaines qu'un de ses employés avait "à nouveau agressé des miliciens" !

Visite à la bibliothèque française où je ferai ce soir ma conférence. Pèlerinage obligé à la chambre où Roland Barthes vécut avec sa mère à la fin des années quarante. En sortant de la bibliothèque, Chantal me montre une fourgonnette rangée le long des grilles. "Il y a fort à parier, dit-elle, que c'est bourré d'appareils électroniques et qu'ils se sont installés pour vous écouter ce soir."

En vol vers Paris, le 15 juin – Les pages bucarestoises arrachées de mon carnet ont donc été confiées à la valise diplomatique. Précaution inutile puisque, escorté par un fonctionnaire de l'ambassade dont le verbe haut a impressionné les miliciens, j'ai passé les contrôles comme une lettre à la poste, mais précaution raisonnable car j'ai vu plusieurs passagers soumis à la fouille.

Hier soir, j'ai donc fait ma conférence dans le théâtre de la bibliothèque française. Après tout, c'était là le motif de mon invitation à Bucarest. "Allons pondre notre œuf dans ce nid", m'étais-je dit, résigné. Mais quand j'ai vu que la salle était pleine, que les Roumains y étaient en majorité, et que parmi eux se trouvaient Dan Haulica et Alexandre Paléologue, pourtant interdits de séjour en ce lieu, j'ai "mis le turbo" comme dit mon fils.

Debout sur la scène, renonçant à mes notes, déviant à plusieurs reprises du sujet annoncé pour en aborder un autre – à savoir que l'édition est miroir de la condition politique d'un pays – j'ai parlé pendant quatre-vingt-dix minutes, souvent à demi-mots, en me référant parfois à l'histoire de Nina Berberova. Et pour conclure, j'ai mis en œuvre l'idée qui m'était venue au cours de ma rencontre avec les officiels de l'édition. "Puisque ici, leur ai-je dit, à l'initiative des sphères les plus hautes on entend célébrer le centenaire d'Eminescu, je vous lirai pour terminer quelques vers de ce poète que j'ai trouvés dans une traduction française à la bibliothèque où nous sommes réunis ce soir..." Et de ce Verlaine roumain, sollicitant un peu le sens d'un poème intitulé *A mes critiques*, j'ai lu quelques strophes en insistant sur l'avant-dernière...

> *Tu crois alors voir vaciller*
> *D'un coup l'univers tout entier :*
> *Réussiras-tu à trouver*
> *Les mots pour dire leur vérité ?*

Ils ont les nerfs à fleur de peau, ces Roumains, et une immense habitude du double langage. Ils se sont levés pour applaudir longuement les mots de Mihaïl Eminescu autant que le conférencier.

Au dîner qui a suivi, chez Chantal et Jean-Michel, quelque chose avait changé. Les invités, parmi lesquels Dan Haulica, qui avaient bravé une seconde interdiction pour venir là, parlaient encore à mi-voix mais évoquaient sans détour les sanctions qui allaient leur tomber dessus dans le long processus dont ils avaient chacun atteint un stade différent : surveillance ininterrompue, coupure du téléphone, interdiction de publication, de citation, de signature, interdiction de déplacement en couple ou en famille, retrait du passeport, interruption des études des enfants... Et j'avais le très net sentiment qu'on me chargeait ainsi de dire hors Roumanie ce qui se passait au royaume des Ceausescu.

Maintenant, sur la route du retour, je m'interroge. Que sais-je au juste du sort des Roumains, à l'exception de celui des quelques intellectuels que j'ai rencontrés ? Rien, sinon ce que Roumains et résidents français m'ont dit et répété sur place. Mais ce que l'on dit avec une telle unanimité ne saurait être tout à fait inventé. Or, à l'escale de Zurich, j'ai lié conversation avec un groupe de techniciens français qui étaient du voyage et travaillent depuis des années dans une usine roumaine. Et ils m'ont confirmé point par point ce que les autres m'avaient dit. Je sais donc, maintenant, que la femme roumaine est soumise plusieurs fois par an à un examen gynécologique afin de dépister les traces de manœuvres abortives, qu'elle est pressée par l'autorité d'avoir cinq enfants – quitte à recourir à un autre partenaire si le mari est défaillant –, que les soins médico-sociaux ne sont plus assurés et que les ambulances ne se déplacent pas pour les malades de plus de soixante ans, qu'il n'y a pas de chauffage sur les lieux de travail en hiver et fort peu à la maison, que les logis même "neufs" n'ont ni eau ni commodités, que ceux dont on détruit la maison pour édifier les quartiers nouveaux doivent payer eux-mêmes la démolition, que... Interminable litanie.

"Savez-vous ce qu'on murmure ici ?" m'avait dit Chantal quand je lui avais demandé s'il y avait quelque signe d'une possible révolte. "On murmure un proverbe qui date de l'occupation turque : *Le sabre ne coupe pas les têtes courbées.*" Paléologue et Haulica, eux, m'avaient dit à peu près la même chose : que ça ne changerait qu'avec la mort du dictateur.

Au Paradou, le 17 juin – Contre l'opinion, et je dirais même la doctrine de certains maîtres que j'eus à l'université, j'ai toujours été hanté par le sentiment que l'histoire ne s'inscrivait pas dans un "processus de progrès irréversible" mais se déplaçait comme une nef des fous entre des îles parfois paradisiaques et souvent infernales. Quelle démonstration plus évidente que, dans le même temps, ces Roumains qui courbent la tête pour éviter le sabre du terrible conducator, ces familles chinoises tenues de payer la balle qu'on tire dans la nuque de leurs enfants qui étaient place Tien An Men, et par ailleurs ces Hongrois qui virent à cent quatre-vingts degrés et font des funérailles nationales aux restes d'Imre Nagy, ou François Mitterrand qui fleurit à Gdansk le monument aux victimes des émeutes ouvrières...

Longue conversation transatlantique avec Nina. Elle me parle de son séjour en France, des souvenirs heureux qui lui restent si présents, des mille attentions qu'on a eues, sur Air France, pour cette dame qui leur avait été recommandée.

Au Paradou, le 18 juin – Lu d'un trait le gros manuscrit d'un roman que vient de nous remettre Baptiste-Marrey, *L'Atelier de Peter Loewen*. Ce romancier-là, même si ses véritables maîtres sont du côté de Celan et de Gadenne, est en train de devenir une espèce de Martin du Gard ou de Duhamel de notre temps par la construction de son empire romanesque. Il a un sens de la pâte, une vision du territoire, une autorité sur ses personnages et un côté jungien qui s'imposent et ne trompent pas. Quel chemin parcouru depuis le mince *SMS ou l'Automne d'une passion* que nous avons publié en 1982 ! Reste qu'il nous faut encore, Bertrand et moi, le persuader de donner quelques coups de rabot ici et là.

Arles, le 19 juin – Mais que sont les "donneurs de leçons" devenus ? Christian Bourgois m'appelle pour me demander si je suis toujours "prêt" à le soutenir dans la prochaine publication des *Versets sataniques* et si, dès lors, il peut sur la quatrième de couverture du livre placer Actes Sud en tête (l'ordre alphabétique le voulant ainsi) de la liste des éditeurs solidaires. Certes, mon cher Christian.

Arles, le 21 juin – Comme on aurait dit : Tiens, tu as vu, il a plu en Bourgogne, quelqu'un a dit : "Oswaldo França Junior est mort dimanche dans un accident d'automobile…" Depuis lors, le semi-remorque de *Jorge le camionneur* roule dans ma mémoire avec un grondement de deuil.

Au Paradou, le 25 juin – Dimanche. Rien, toujours rien du Quai. Que se passe-t-il avec la valise ? Où sont passées mes notes roumaines ?

Trente degrés. Le silence débité par ces scieurs de long : les premiers grillons. Sabine et Marie-Catherine sont venues travailler sous le platane.

Coup de fil dominical de Nina. Elle en a reçu un de Moscou. Elle s'est décidée : elle partira pour deux semaines en URSS le 5 septembre. Mais sitôt qu'elle m'a fait part de sa détermination, elle ajoute : "Il n'y a là-bas ni vivres ni médicaments, il faudra tout emporter." Et elle ajoute : "Gorbatchev déçoit, la réaction relève la tête." Et puis encore : "Tu viendras avec moi ? Oui, tu viendras."

Paris, le 27 juin – Ce soir, dans le studio personnel de Michel Drucker, derrière l'Elysée, Bernard Pivot enregistrait un *Apostrophes* d'été consacré à Sade. Sabine et moi y avons accompagné Raymond Jean. Assis là, entre Elisabeth Badinter et Thibault de Sade, en face d'Annie Lebrun et de Jean-Jacques Pauvert, je le sentais nerveux, inquiet de la tournure qu'allait prendre le débat. Je l'avais incité à tirer très vite son épingle d'un jeu qui risquait d'être pervers. Après tout, avec son *Portrait de Sade*, il était le seul à avoir écrit un livre qui ne fût pas réservé à des experts ou à des amateurs très spéciaux, le seul à donner, en marge de l'œuvre dont l'édition complète se poursuit indéfiniment, une biographie qui se situe à égale distance de l'accusation d'infamie proférée à voix basse, au XIXe siècle, par un Charles Nodier, et de l'apologie du divin marquis proposée par les surréalistes au XXe. Mais Pauvert et Annie Lebrun, dans des propos pleins de sous-entendus, lui ont mené la vie dure comme si, après eux, nul n'était autorisé à parler de Sade. Curieuse, cette mainmise de certains sur des œuvres qu'ils tiennent pour leur propriété personnelle...

Et puis, coup de théâtre, Elisabeth Badinter qui avait commencé par reconnaître à Sade une certaine valeur philosophique, soudainement exaspérée par la primauté, dans le débat, de l'esthétique sur l'éthique, demande à Pivot l'autorisation de lire quelques pages édifiantes. Edifiantes ? Là voilà qui se met à lire à pleine bouche des extraits des *Cent vingt journées* où la description des sévices, séparée de tout contexte, devient monstrueuse, charriant des mots qu'on n'avait jamais prononcés à l'écran. D'un seul coup, le cas de Sade était réglé. Les bons sentiments allaient enfin triompher des infâmes. Après l'enregistrement, Pivot m'a confié : "Cette lecture-là me vaudra au moins trois cents lettres furibardes et quelques-unes pour demander mon éviction de la télévision."

Pivot Bernard demeure sous le charme de Berberova Nina. Mon dieu, comme je le comprends. Quand il apprend qu'elle reviendra en France, et que je partirai avec elle en URSS, il me demande de lui communiquer dates et horaires afin qu'il puisse convaincre les services d'Antenne 2 de la suivre tout au long de ce "retour".

Bruxelles, le 28 juin – Je m'étais promis de ne montrer aucune complaisance. Mais aux neuf étudiants de l'université de Liège qui se sont présentés aujourd'hui à l'oral de *paratexte*, j'ai donné des notes qui se situaient entre douze et dix-huit. Ils m'ont tous montré, par leurs commentaires, qu'après nos quinze heures de séminaire ils ne voyaient plus le livre avec les mêmes yeux, mais avaient appris à le considérer… dans tous ses états.

Suggéré à Marc Quaghebeur, qui a des responsabilités dans les services culturels de la Communauté française de Belgique, d'organiser avec nous, en Arles, en avril de l'an prochain, une semaine artistique belge, à l'exemple de ce que nous avons déjà fait pour la Suède. Un événement dont le titre m'est venu comme une inspiration : *La Grande Pâque belge.*

A l'aéroport de Saventhem, les bagagistes sont en grève. En attendant le courrier de Marseille, j'observe par les baies vitrées les passagers d'un Jumbo en provenance de New York qui attendent sous le ventre de la baleine qu'on leur ouvre les soutes où ils vont ensuite chercher des bagages qu'ils doivent traîner eux-mêmes sur le ciment.

Au Paradou, le 30 juin – Mes notes de Bucarest sont arrivées pendant mon absence. Je les ai réintroduites dans ce carnet qui a maintenant l'air invalide d'un carnet de guerre.

Arles, le 6 juillet – Bernard Pivot m'a appelé pour m'annoncer qu'il invitait à nouveau Nina Berberova à son retour d'URSS, le 22 septembre.

Aussitôt après avoir reçu cette bonne nouvelle, déjeuné avec des cinéastes soviétiques. Otar Iosseliani et Ivan Dikhovitchni me parlent avec révérence de Nina – elle n'est décidément pas inconnue en URSS – et me font l'inventaire des tracasseries et difficultés que nous risquons de rencontrer, elle et moi, lors de notre voyage. Que cherchent-ils à me dire ceux-là qui ne dissimulent pas qu'ils sont acquis aux idées gorbatchéviennes ?

Ce soir, après une belle représentation d'*At-get et Bérénice* de Michèle Fabien, dans le jardin de Jean-Paul Capitani, rencontre imprévue avec une responsable de la culture belge, dont j'ai bien connu le père. "Vous prétendez organiser ici une semaine que vous intituleriez *La Grande Pâque belge*?" me fait-elle. Déjà ce ton... Et la perestroïka, bordel ! "Sachez, dit encore l'indigne fille du vieil ami, qu'il n'est pas question d'utiliser le mot *belge*. Nous ne voulons pas être confondus avec les Flamands. Nous sommes et ne voulons être que de la *Communauté française de Belgique*." Toute cette sottise que j'ai laissée jadis derrière moi revient donc se manifester ici ? "Ce sont des gens de votre espèce, lui ai-je dit, qui sont responsables de la libanisation de la Belgique."

La Belgique, je n'en ai plus rien à cirer, comme on dit, mais j'y suis né et m'en suis prévalu pour conseiller à cette petite fossoyeuse de ne plus jamais se trouver sur mon chemin.

Au Paradou, le 12 juillet – Le Festival d'Avignon est-il devenu lieu de marathons où acteurs et spectateurs rivalisent de résistance ? Après le *Mahabharata* et *le Soulier de satin*, représentation, cette année, de *la Célestine* de Fernando de Rojas, dans la mise en scène d'Antoine Vitez. Cinq heures. Même Florence Delay, qui a fait une admirable traduction, paraissait déplorer qu'on n'eût pas coupé davantage dans un texte déjà amputé. Reste la magie Vitez, la magie Kokkos. Il n'y a qu'un

Antoine Vitez pour avoir l'ambition philosophique de montrer, par le truchement de la Célestine – époustouflante Jeanne Moreau ! – la mainmise de la luxure sur les affaires du monde. Et qu'un Yannis Kokkos pour lui donner un décor qui permet au Bien de contempler d'en haut l'enfer du Mal. Mais à trois heures du matin, la fatigue m'a fait renoncer à la réception où j'aurais pu leur dire mon admiration et serrer enfin la main de Jeanne Moreau qui m'écrivit un jour, sur nos éditions, une lettre que je conserve avec soin.

Aix, le 13 juillet – Eblouissante représentation de *la Flûte enchantée*. Mille détails de mise en scène, la révérence comique de la petite danseuse qui s'échappe de la carcasse du dragon que les envoyées de la Reine de la Nuit viennent d'occire, ces créatures elles-mêmes, sveltes et sensuelles, les gardiens du Lieu des Epreuves, magots sortant de terre, crâne rasé, bras croisés, s'élevant avec lenteur jusqu'à la crête des murailles, les monstres danseurs aux masques qu'on dirait de bois huilé, toutes ces choses pareilles à des bonheurs d'écriture dans un livre, ont fait de la mise en scène de Jorge Lavelli une réalisation complice de l'esprit d'Emmanuel Schikaneder. Et tous, même si parfois la conduite d'orchestre d'Armin Jordan paraissait un peu trop sage, même si Dawn Lepshaw chantait l'*Aria* de Pamina avec moins de plénitude que ne le faisait Kire-te-Kanawa, cent fois entendue, tous avaient pour unique ambition de servir Mozart au lieu, comme tant d'autres, de faire d'abord parler d'eux-mêmes.

Au Paradou, le 15 juillet – Anne Blancard et Yannis Kokkos sont venus déjeuner sous le platane. La conversation a tourné, bien sûr, autour de *la Célestine*, des réglages auxquels déjà Vitez a procédé et des coupures qu'il fera pour la reprise à Paris. Mais aussi de l'accueil fait au livre de Yannis préparé par Georges Banu : *Le Scénographe et le héron*.

Au Paradou, le 17 juillet – Par un appel téléphonique de Moscou, Inna Tchekalova me confirme l'invitation de l'Union des écrivains. "Moscou, la Géorgie, oui, me dit-elle, mais Leningrad impossible, plus une chambre d'hôtel disponible." Comment pourrais-je accompagner Nina Berberova si l'on m'empêche d'aller avec elle dans la ville où elle est née ? Inna – feinte ou distraction – prétend avoir oublié que je partais avec Nina. Du coup, tout devient possible. "C'est cauchemar mais je vais arranger ça", dit-elle.

Au Paradou, le 19 juillet – Hier soir, pour la représentation de *Cosi fan tutte*, emmené Louise à Aix. Transfigurée par la réussite de ses concours, métamorphosée par la coupe de ses cheveux, par la robe de soirée en taffetas, courte et moirée, ma plus jeune fille est devenue cette jeune femme qui, perchée sur des talons aiguilles, fait retourner les hommes sur son passage. Vu sous cet angle, le vieillissement (le mien) est une fête.

Longue conversation téléphonique avec Nina. Elle n'a toujours pas son visa, elle est persuadée qu'elle n'ira pas en URSS, persuadée de *leur* fourberie, persuadée que des gens à l'ambassade russe de Washington lui en veulent, persuadée que d'ailleurs tout va mal là-bas, persuadée que les mineurs en grève vont avoir la peau de Gorbatchev, persuadée qu'elle souffrirait de faim, de froid, de la saleté si elle y allait. "Mais alors, lui demandé-je, ton retour chez Pivot ?" "J'attendrai jusqu'au 1er août, pas plus longtemps", me dit-elle.

Christian Bourgois m'a envoyé, avec un mot amical, un exemplaire des *Versets sataniques* qui se vendent, dit-on, comme un Goncourt. Le nom d'Actes Sud figure bien, comme prévu in extremis, sur la quatrième de couverture. Les grands alliés (Fayard, Le Seuil, Gallimard) y sont parmi les "donneurs de leçons". Tant mieux, après tout !

Arles, le 24 juillet – De sa nuit américaine, Nina m'appelle. Il est neuf heures ici, mais trois heures là-bas. Un membre de l'ambassade d'URSS à Washington lui a téléphoné pour l'assurer que tout était en ordre et que son visa lui parviendrait bientôt.

Or c'est le moment où elle est rassurée que choisissent les journalistes de la télévision pour donner des nouvelles alarmantes et dire que l'exaspération du peuple, privé de tout, indifférent à des mesures qui ne bénéficient qu'aux intellectuels, pourrait suggérer à l'armée une reprise du pouvoir.

Arles, le 26 juillet – Reçue à l'Ecole normale supérieure, Louise a donc réussi tous ses concours – c'est le grand schelem. La nouvelle, tombée ce matin, a filé dans les couloirs des éditions. Des commentaires ont suivi les félicitations. "Quel potentiel de relations pour la maison !" a dit le moins complexé qui a une éducation très parisienne.

Au Paradou, le 29 juillet – Immense bonheur à voir hier, en famille, à Aix, *The Fairy Queen* sous la direction de notre cher William Christie. Comédie musicale d'une perfection achevée. Une manière aussi de dire ou de chanter l'anglais qui le ferait entendre au plus obtus. Et puis Bill, à deux mètres de nous, dans la fosse, qui chantait toutes les parties avec ses interprètes et s'esclaffait aux pirouettes des acteurs...

Midi – six heures du matin pour elle –, Nina appelle de Princeton. A l'éclat joyeux de son bonjour je devine la nouvelle. Le visa est arrivé. D'un seul coup l'obscur est devenu lumineux. Et, pour augmenter son plaisir, je suis, moi, en mesure de lui annoncer qu'une équipe d'*Océaniques* l'accompagnera en Russie.

Au Paradou, le 2 août – "Ce qui compte, ce n'est pas ce que tu as mis dans ton livre, mais ce qu'on y trouve... On ne monte pas les films avec la totalité des rushes... Démontrer, dans un récit, c'est brouiller ce qu'on a montré... " Ce sont de ces choses que j'ai dites à O. qui m'avait demandé de l'aider à retravailler son roman, et pour ce faire a pris ses quartiers ici. Des heures, des heures, des heures, pour montrer que le cheval est là, dans la pierre, ou si l'on veut le jardin sous les ronces. Mais O. fait partie de ces auteurs pour qui toute phrase modifiée est une veine ouverte. Je sais que cette expérience, je ne la renouvellerai pas. Si l'on n'y prend garde, la haine est au bout.

Mon fils Jules, qui a lui aussi réussi ses examens, n'a guère eu de répit car il est pompier volontaire et les feux, cette année, se propagent comme la peste. Il est rentré à quatre heures, ce matin, après vingt heures du côté d'Aix. Rentré avec le sentiment d'impuissance qui gagne ces jeunes gens appelés par un nouveau feu quand ils n'ont pas fini d'éteindre le premier. Et le mistral qui s'est mis de la partie...

Où est le destin de ce fils passionné, imprévisible et ombrageux ? Dans les sciences économiques qu'il étudie, dans l'action où il aime se jeter, ou dans l'édition dont il s'approche parfois avec suspicion et gourmandise ?

Le téléphone m'arrache à cette interrogation. Je décroche. C'est la voix de Nina : "Vol Air France 2982 à destination de Moscou, le 5 septembre, première classe, place 1C." Et elle éclate de rire. Elle n'a pas perdu une minute après avoir reçu son visa, pas une, celle qui trouve Gorbatchev si lent, si lent, si lent... Elle me dit encore : "Restez avec moi, tous les deux, n'allez pas en Géorgie. Leningrad, Moscou, c'est tellement plus important !"

Au Paradou, le 6 août – "Je n'osais espérer pareil bonheur", me dit Nina quand elle apprend que nous avons des places sur le même avion à l'aller (1A, 1B) et au retour. Puis elle passe aux "choses sérieuses". Elle trouve que Claude Miller est aussi lent que Gorbatchev. Depuis le temps qu'il a décidé d'adapter au cinéma *l'Accompagnatrice*... "Qu'est-ce qu'il fiche, ce monsieur ? Il attend que je sois morte ?" Je sens qu'elle a quelque chose en réserve. Et cela vient : "Lensfilm, à Leningrad, veut faire ce film. Il faut arranger ça."

Vercors m'a envoyé la traduction qu'il a faite avec sa femme, Rita Barisse, d'un roman désopilant de Roy Lewis : *Pourquoi j'ai mangé mon père*. Ce langage d'ethnologue dans la bouche d'un hominien racontant les mésaventures de sa tribu conduite par un visionnaire, c'est impayable.

Jubilation partagée, car voilà trois soirs qu'après le souper je lis des pages de ce roman à Louise et ses petits copains (futurs polytechniciens ou normaliens dont Jules, un peu agacé, me dit en enfilant son bleu de pompier : "Tu réalises que tu as à ta table l'élite française de demain ?"). Et chaque soir ils en redemandent. La suite, la suite !

Au Paradou, le 8 août – Aujourd'hui Nina a quatre-vingt-huit ans. Elle va recevoir à son réveil cinquante roses. J'avais prié notre attachée de presse d'envoyer des fleurs de Paris. Elle m'a rendu compte de sa mission. "Mais pourquoi cinquante roses ?" ai-je fait. "Pour que Nina ne puisse voir le coursier quand elle ouvrira la porte."

Puisque le service d'actualités d'Antenne 2 suivra Nina en URSS, il faut, pour prix de cette faveur, de ce doublet (*Apostrophes* et Journal télévisé) une exclusivité totale. Ça me paraît légitime. Mais du coup, ceux de FR 3 se rebiffent. Criblé de coups de téléphone, j'ai subi le sort de saint Sébastien.

A seize heures, dix heures pour Princeton, j'ai appelé. *"Happy birthday !"* Et Nina : "Je t'avais pourtant interdit de m'appeler pour mon anniversaire. Toutes ces dépenses... Mais puisque tu me braves, je te le dis, c'est le plus bel anniversaire depuis longtemps." A-t-elle reçu les roses ? Non, pas encore, car ce n'est pas de cela qu'elle parle : "Je n'espérais plus cette reconnaissance", dit-elle...

Je lui raconte mes déboires avec la télévision. Elle n'en retient qu'une chose : les caméras *françaises* seront là. "C'est merveilleux !" Je ne lui dis pas que j'ai téléphoné à mon frère qui revenait d'URSS et qu'il m'a dit : "Il y a loin des paroles aux actes, les promesses de Gorbatchev sont à des années-lumière de la réalité, je n'y retournerai pas, et puis c'est inutile, au rythme où ça va, il faudrait attendre cent vingt ans au moins pour que ça change."

Au Paradou, le 9 août – Ainsi en a décidé Louise. Elle intègre l'Ecole normale de la rue d'Ulm. Elle vient de poster sa lettre de démission à l'X qui avait pourtant motivé les dures années de préparation qu'elle a passées à Louis-le-Grand. Cela paraît la troubler moins que moi. Système pervers, qui n'accorde aucun repentir... Ses amis, qui sont ici depuis des lunes, l'approuvent. Et je les regarde. Un peu de vertige me vient à voir leurs visages clignoter : c'est tantôt le visage de l'enfance (nez encore un rien retroussé, lèvre boudeuse, rouge qui monte vite au front et aux pommettes), et tantôt le visage des princes qu'ils seront, qu'ils se savent déjà : les yeux qui se figent, les lèvres qui se pincent, le menton qui se relève.

Soirée Raymond Jean aux Rencontres Albert Camus de Lourmarin. Aperçu une fort jolie personne dont on dit qu'elle pourrait être le modèle de *la Lectrice*. Dans la cour d'une école sont rassemblées trente ou quarante personnes que nous ne verrons pas car quatre projos nous sont braqués dans la gueule. Raymond Jean et moi parlons en alternance de notre rencontre, de son œuvre, du *Sade* qui vient de paraître. Simon Lantieri, qui préside, affirme qu'à son avis les meilleurs épigones de Sade sont Genet, Buñuel et Pasolini. Il m'est revenu d'avoir le dernier mot. J'ai rappelé la phrase de Camus dans *la Chute* – *L'homme est ainsi, cher monsieur, il a deux faces : il ne peut pas aimer sans s'aimer* – pour dire qu'on ne peut pas écrire sans s'écrire, motif pour lequel l'ombre de Raymond Jean passe dans chacun de ses livres comme celle d'Hitchcock dans ses films.

Au Paradou, le 13 août – "Mais je ne suis pas Sarah Bernhardt !" s'exclame Nina à propos des fleurs qu'elle a reçues enfin – et qui ne correspondent pas aux belles promesses du fleuriste parisien. "Et je te l'expliquerai avec quelques autres choses qu'à ton âge tu ferais bien de savoir", reprend-elle.

Au Paradou, le 14 août – Hier soir, sur le plateau des Claparèdes, Michel Guérin avait réuni quelques amis dont Carlo Rim, Jacques Leenhardt et Marcel Maréchal. La vodka, le champagne, le vin et les épices du couscous ont très vite fait monter la température. Michel s'est lancé dans une violente diatribe sur le thème de l'haïssable moi. J'étais mieux placé que les autres pour entendre ce qui se cachait *sous* cette véhémence. Dès mon arrivée, on m'avait entrepris sur la découverte et le succès de Nina Berberova, et tout à coup Michel, qui se heurte avec ses livres et sa collection à des latifundiaires médiatiques sourds à des idées par essence loin des modes et des succès, était pris, me disais-je, d'une espèce de jalousie ou de rancœur. "C'est un coup, rien qu'un coup..." grommelait-il. Je suis sans doute le seul à avoir compris qu'il parlait de l'accueil fait à *C'est moi qui souligne*. Je lui ai répondu à demi-mot pour n'en pas faire un débat général. "Cette dame, Michel, il lui a fallu attendre cinquante ans..."

Marcel Maréchal, avec l'intuition dont témoignent ses petits yeux pincés, avec sa bonhomie communicative, son art de l'anecdote, sa mémoire prodigieuse et son rire auquel nul ne résiste nous a tirés de ce mauvais pas et de quelques autres où nous nous sommes fourrés ensuite en parlant de politique. Après avoir vu en Chine ses *Trois mousquetaires* je m'étais monté jadis contre Marcel et malgré les assurances que Marie-Christine Barrault m'avait données je m'étais montré assez injuste. J'aurais voulu, cette nuit, au milieu de ces savants philosophes, dire à Marcel qu'elle avait raison, que je l'aimais bien et que nous étions finalement les deux artisans dans cette assemblée, lui qui touchait les planches et moi le papier. C'eût été un peu ridicule mais le vin a de ces effets...

Rentré, ivre ou peu s'en faut, par la combe de Lourmarin puis le long de la Durance que la lune faisait scintiller. Nous avons roulé lentement. La beauté toujours renouvelée de ce pays est constitutive, pour partie au moins, de la complicité qui nous unit, Christine et moi. D'avoir choisi d'y vivre ensemble, c'est un peu comme si nous l'avions créé ensemble. C'est bien connu, l'illusion est dans les choses et la vérité dans le regard.

De Princeton, sans un mot d'accompagnement, sont arrivées deux photographies des collections du musée Gorki de Moscou. Mais avec un sens inouï de l'organisation, et une bonne dose d'intuition, Nina m'a appelé dans l'heure qui a suivi. Ces photos, on les lui avait volées, et elle s'en était plainte à un voyageur venu de Russie. De là-bas, on venait de lui en envoyer des reproductions comme un signe de bienvenue, en prévision de sa prochaine arrivée.

Les photos ont été prises à Sorrente en 1924. On y voit Nina en compagnie de Maxime Gorki et de Moura Boudberg. Sur l'une des deux Khodassevitch s'est joint au groupe. "Tu as vu les pieds de la Boudberg ? me demande Nina. Ils sont immenses, ce sont des pieds d'homme !" Si longtemps après, serait-ce encore quelque chose de l'ordre de la jalousie ? Je vois en tout cas que *la* Boudberg est fort belle, que Gorki, cela m'a toujours frappé, ressemble plus à ses portraits ou à ses bustes que ceux-ci ne lui ressemblent – une certaine rudesse venue du couteau à peindre ou du ciseau de sculpteur –, et que Nina, inquiète, prudente ou fâchée, comme si sa sauvage et fascinante beauté ne venait pas à bout de la réputation de laideur que lui faisait sa mère, se tient à distance des autres. Elle a vingt-trois ans... que ne puis-je embarquer

sur le vaisseau qui, un jour, permettra de remonter le temps ! Le ténébreux Khodassevitch, lui, qui me fait penser au violoniste
Augustin Dumay, cherche l'ombre, dirait-on,
dans l'arrière-plan.

Avec sa fille qui ressemble tant à Meryl
Streep, Jeanne Amoore est venue dîner sous
le platane. On a parlé de son oncle injuste-
ment oublié, le poète Odilon-Jean Périer, du
Souper des philosophes que son père avait fait
peindre par Delvaux et Salkin sur les murs
de la demeure familiale, de l'épouvantable
accident d'avion dont elle est rescapée.
Jeanne restaure en ce moment, au Petit Palais d'Avignon, des toiles endommagées par
la queue de la tornade de Nîmes. Tard dans
la soirée, elle raconte qu'elle fut appelée, il
n'y a guère, à restaurer un autoportrait de
Goya. La voilà assise devant le chevalet où la
toile est fixée. Il lui faut reprendre l'œil qu'une
éraflure a endommagé. Et soudain, pinceau
à la main, elle se fige. Elle vient de réaliser
que ce portrait est grandeur nature et que
Goya, qui pourrait être assis en face d'elle
comme un patient chez l'ophtalmologiste,
genoux contre genoux, la regarde, la scrute
même, la déshabille peut-être. Cet homme
d'un autre temps et cette femme se mesurent,
s'interrogent, s'inquiètent. Pour rapporter ce
moment miraculeux, j'ai cherché puis retrouvé une reproduction de l'œuvre. Il est vrai
que ce n'est pas un portrait comme les autres,
et que l'immobilité n'est qu'apparence... Quelle

prédilection j'ai pour ceux qui savent ainsi passer de l'autre côté du miroir !

Au Paradou, le 16 août – Sous le platane, dont la sécheresse fait tomber l'écorce, douze heures d'affilée avec Pierre Mertens et Françoise Lalande qui sont venus d'Aups pour passer la journée avec nous. Je me souviens que nous avons parlé des beaux mots belges auxquels l'Académie française vient d'accorder la grande naturalisation, comme *aubette* qui remplacera l'horrible abribus, *brette* pour altercation, *frotte-manche* pour flagorneur, *guindaille* pour beuverie, *minque* pour la halle aux poissons, *pistolet* pour les petits pains du dimanche, *verdurier* pour légumier (mot qui donnait au patronyme de Mme Verdurin une connotation particulière), *drache* pour averse (Pierre me racontant qu'un jour où tombaient des hallebardes, Léopold Ier se serait exclamé *"es dreicht"* et les proches du souverain, qui avaient mal compris, auraient aussitôt adopté *drache*).

Longtemps aussi évoqué cette Europe que l'un et l'autre, exaspérés par les comportements du petit pays où nous sommes nés, nous appelons de vœux très particuliers. Et, partant, nous avons disserté sur la nouvelle veine romanesque que Pierre a commencé d'exploiter avec *les Eblouissements*, où l'imaginaire passe ses fils dans la trame historique du réel.

Les bouteilles du petit vin corsé des Alpilles se vidaient sans en avoir l'air, Pierre en appelant aux grands alcooliques de son pandémonium, tels Malcolm Lowry ou Uwe Johnson.

Au Paradou, le 17 août – En prévision du voyage en URSS et parce que je ne m'en étais plus occupé depuis des années, j'ai repris et ajusté mon testament. Au moment où j'y posais ma signature, une panne d'électricité m'a plongé dans l'obscurité.

Au Paradou, le 23 août – Lu les manuscrits de *Rumeurs du soir* et de *la Nuit coutumière* revisités par Anne Walter après nos échanges là-dessus. Le travail qu'elle a fait cet été donne à ces textes la netteté qui leur manquait. "Il ne faut pas que la photo soit floue", dit souvent Nina. Il y a chez Anne Walter quelque chose qui s'établit, une œuvre narrative où la litote et l'ellipse rencontrent les ondoiements de Proust. Peu d'écrivains s'efforcent comme elle de ramener l'écriture à cela seul qui leur appartient. Et sur le fond, cette filtration du péché et de la transgression qui ramène sans cesse ses héroïnes à la plus substantifique interrogation...

Lurs, le 24 août – Voilà plus de cinq ans qu'ils insistaient pour que je participe aux Rencontres de Lurs créées par Maximilien Vox. Et chaque fois je me dérobais à l'appel parce que montait de leurs documents je ne sais quelle odeur de scoutisme. Cette année, je me suis laissé prendre à l'insistance de mon vieux camarade Michel Olyff. Et, en compagnie de Sabine, je suis monté à Lurs par les chemins roussis du *Grand Troupeau*, sous une chaleur à fendre les cailloux. Mais fini le gionisme, là-haut ! Les joints de sable des pierres sèches ont été cimentés par les enragés de la résidence secondaire. L'âme est partie, restent des dévots. Ma stupeur fut d'abord d'avoir eu si longtemps raison de refuser. Sans compter que les scouts du graphisme sont devenus de vieux routiers affligés de rhumatismes et de surdité. Entassés dans la "chancellerie", qui est une grange aménagée pour leurs jamborees, accablés par la chaleur, étouffés par le coq et le vin dont ils s'étaient gavés, ils s'endormaient et, pour prouver le contraire, en s'éveillant posaient d'absurdes questions, sans rapport avec le sujet. J'ai bien tenté de les tenir éveillés par des silences soudains, des redémarrages qui ne l'étaient pas moins, des interpellations presque agressives, rien n'y a fait. Je n'ai eu qu'un auditeur de qualité, Stanislas Mendel, prince de la lettre. Et que faisait-il dans cette troupe ? me demandais-je.

Au Paradou, le 25 août – Je parcours chaque jour le carnet du *Monde* au prétexte de savoir qui, dans l'univers qui est le mien, le nôtre, a passé. Mais je regarde avec attention l'âge des hommes. Certains jours je me dis qu'il sera bientôt temps de faire mes paquets, d'autres je me vois accorder de si longs délais que bien des projets encore me sont permis. Il n'y a de règle que celle du loto. Le hasard, l'aléatoire. Et puis je pense à Nina. La vraie question demeure, la seule : comment mettre sa mort en place ?

Arles, le 28 août – Nos visas, je les tiens. Mais ils me désespèrent. A force de faire un peu de russe chaque jour, j'étais persuadé que je pourrais déchiffrer ces documents. Mais je patauge.

Le Mal noir décolle. Douze mille exemplaires vendus déjà. Et *C'est moi qui souligne* monte en régime. Etrange sensation d'avoir maintenant moins à "pousser" qu'à favoriser la circulation et les conditions de l'accélération.

Le feu a repris partout. Quarante foyers allumés dans le même temps au nord de Marseille, la Sainte-Victoire ravagée, Saint-Antonin dans un désert de cendres où se dressent des troncs pareils à des tibias carbonisés, un cheval qui sort du brasier, violet, écorché, brûlé vif, et qu'il faut achever... Edmonde Charles-Roux, dont la propriété a été atteinte à Saint-Antonin, ne reste pas sans voix à la radio en face de ce désastre, mais elle reste comme nous sans explications. Jules est reparti au front.

Arles, le 29 août – Nina me demande de prévoir un contrat pour un livre qu'elle m'apportera et auquel les Russes s'intéressent.

C'est l'ensemble des comptes rendus d'audience et des billets d'atmosphère qu'elle écrivit à Paris au sujet du procès Kravtchenko contre *les Lettres françaises*. Impayable Nina... combien de surprises encore ?

On sait maintenant qui l'entourera sur le plateau d'*Apostrophes* : Mouloudji, Guy Bedos, Victor Pilhes. Audience garantie !

Au Paradou, le 31 août – De Paris où elle venait d'arriver ce matin, Nina me téléphone : "Je n'ai pas très bien dormi, cinq heures seulement... J'étais dans la *bulle* et le jeune homme de service était idiot. Mais, rassure-toi, j'aime toujours Air France." Je parie qu'elle a eu à subir le même steward que Christine et moi en revenant d'Amérique, l'automne dernier. C'était aussi dans la *bulle* et ce guignol aspergeait les passagers de ses calembours et bons mots comme si c'était un parfum de Chanel.

Arles, le 1ᵉʳ septembre – Avec Catherine Béraud et Jacques Putman, soirée dans le beau mas des Alechinsky. Par l'immense fenêtre que Pierre a fait ouvrir au nord, dans son atelier, on voit la crête de Castillon, de telle sorte que ses toiles donnent l'impression de se prolonger dans le paysage.

L'ancien de Cobra est l'un des peintres les plus fidèles à lui-même que je connaisse. Il a beau renouveler les symboles introduits dans sa calligraphie, inverser les couleurs et le noir, le centre et le cadre, l'huile et l'acrylique, alterner le frottage et le trait, il demeure volontaire prisonnier de ces représentations froissées, anxieuses, nouées, ramassées sur leurs nodules. Et il a raison dans cette fidélité aux nœuds que tous, dans le secret de nous-mêmes, nous tentons en vain de défaire.

Pendant le dîner, nous avons découvert ce qui était prévisible, que depuis quarante ans nous nous sommes croisés, frôlés, presque rencontrés. Et cela, depuis le temps où nous fréquentions la même école d'art – mais lui en suivait les cours, moi je m'y planquais à cause de l'Occupation – jusqu'à cette tendresse que nous avons eue l'un et l'autre pour le clan Babel, lui plus proche de la sœur d'Isaac, moi de la fille, Nathalie, que j'ai connue à New York. Sans oublier Joyce Mansour, sa fidèle amie, dont j'avais créé dans mon petit théâtre, à Bruxelles, *le Bleu des fonds*. J'avais l'impression de vivre un de ces moments où le hasard a décidé de remettre un peu d'ordre dans le désordre de l'existence.

Pierre, lecteur fidèle de Nina, nous a lu un extrait des souvenirs de Nabokov où l'écrivain réfute de manière assez vive les assertions de "Mlle Berberova" qui prétend, dans son autobiographie, que Rachmaninov lui aurait prêté un frac pour assister à je ne sais quelle réception. En rentrant, j'ai cherché le passage, l'ai retrouvé (p. 322), c'est une note anodine, souriante, au milieu d'un torrent de reconnaissance littéraire. Mais Nabokov n'a retenu que ça, le frac...

Paris, le 4 septembre – Chez Alexandra Boutin, Nina est déjà sur le pied de guerre, comme si elle n'allait pas se coucher ce soir mais attendre derrière la porte mon coup de sonnette matinal. L'ignorance où elle se trouve du programme qu'on lui a préparé en Russie l'irrite. "C'est l'image même du régime, dit-elle. Des choses se font mais on ne sait ni lesquelles ni où ni quand..."

Elle m'attire dans un coin de l'appartement comme si elle avait une confidence à me faire. "Ce matin, chez le coiffeur, dit-elle, un jeune homme s'est approché de moi. Il avait l'air très troublé. Il m'a donné trois roses. Qui êtes-vous ? lui ai-je demandé. Il a dit que ça n'avait pas d'importance, qu'il m'avait reconnue à travers la vitrine et qu'il était aussitôt allé acheter ces fleurs..."

En vol vers Moscou, le 5 septembre – Nina a emporté une petite valise et deux sacs minuscules car elle est persuadée qu'en URSS on ne trouve pas de porteurs. Ces petits bagages m'inspirent des réflexions sur l'art de gérer la solitude. Nina m'en parle dans cet avion et me dit que là-bas il n'y a plus personne qui la connaisse ou qu'elle connaisse. Elle va pour voir les gens, ceux qu'elle ne connaît pas, et c'est avec inquiétude. "Gorbatchev piétine", dit-elle encore. Puis revient à l'un de ses thèmes favoris. Les paysages, les lieux et toute forme de pèlerinage, ça ne l'intéresse pas. "Je n'aime pas et je ne pratique pas l'émotion", me dit-elle avec autant de force que si j'avais l'air d'en douter.

Dans *l'Express* que nous feuilletons ensemble, elle va droit à la liste des meilleures ventes. *L'Accompagnatrice* est toujours en bonne place. Mais il y a aussi un reportage en couleurs sur "le dernier goulag", celui de Perm'. *L'Accompagnatrice* toujours en tête de liste, ce retour en URSS, ce magazine qui sera lu là-bas... c'était impossible à imaginer, il y a quatre ans à peine, quand j'ai rencontré Nina place Saint-Sulpice.

Moscou, même jour – Quand l'avion a commencé sa descente vers Moscou, Nina s'est crispée et elle a voulu que je l'admette avec elle : les agglomérations que nous commencions à voir de là-haut étaient petites, dérisoires, presque inhabitées. Elle murmurait que, dieu merci, le séjour serait bref et que rien ne la retiendrait là.

Mais à l'aéroport... Nous étions sortis les premiers. Deux ambassadeurs de l'empire sont venus à notre rencontre qui ont offert des roses à Nina et à Christine, puis leur ont baisé la main. Ensuite, avec des airs mystérieux, par un dédale, évitant les postes de police et de douane vers lesquels étaient dirigés les autres passagers, ils nous ont amenés devant une porte noire qui aurait pu être celle d'un parloir funéraire. L'un d'eux a levé la main, comme pour s'assurer de notre silence et de notre immobilité, puis a gratté du doigt le panneau qui s'est dérobé devant nous. Il y eut là, d'un seul coup, une foule massée, des mains qui applaudissaient, des flashes, des caméras, des micros, des gerbes de fleurs, des yeux pleins de larmes, des bouches pleines de cris, et tout de suite les premières questions d'Ulysse Gosset. Cette fois, à travers les miennes je l'ai vu : Nina Nikolaïevna a écrasé du pouce une larme qui lui coulait sur la joue.

Quelques minutes plus tard, dans un salon voisin, perdue au fond d'un trop vaste fauteuil de cuir, Nina a été couverte d'autres fleurs et d'autres questions. Mais toutes se résumaient à une seule, impossible – quelle impression lui faisait ce retour en URSS ? Nina se dérobait par des sourires et d'autres questions qu'elle lançait à son tour.

Soudain elle a disparu. Et quand nous sommes sortis, je l'ai aperçue au fond d'une limousine qui partait à fond de train. Nous avons eu droit, Christine et moi, à une Volga sans ressorts qui s'est lancée à son tour vers Moscou. D'évidence nous en avions déjà atteint la grande périphérie quand Inna Tchekalova, notre hôtesse, et Tatiana, notre interprète depuis une heure attitrée, nous ont montré un mémorial, assemblage de poutrelles comme on en faisait pour barrer la route aux tanks. "Les Allemands sont venus jusqu'ici", nous ont-elles dit. "Aussi près que Napoléon", a fait Christine, épouvantée comme moi par une proximité dont nous n'avions jamais pris conscience.

L'hôtel *Ukrainia* est l'une de ces cathédrales staliniennes dont j'avais déjà vu les répliques à Berlin-Est, Varsovie, Bucarest... Et dedans c'est du même bateau : mélange de rétro et de fonctionnel lourd. Inna et Tatiana ont voulu nous offrir une collation. Mais à la cafétéria de notre étage il n'y avait plus rien. Au neuvième, nous avons pu obtenir des œufs durs, du fromage, une cuisse de poulet de cent ans et du thé noir. "Il faudra vous habituer", a dit Inna.

Nous avions rendez-vous dans le hall à huit heures trente avec Elena Joly pour aller à la télévision avec Nina Berberova. Pendant que nous attendions, des prêtres sans doute orthodoxes sont entrés par dizaines, de tailles et de couleurs variées, le pot de feutre, noir, rouge ou blanc, sur le crâne, avec ou sans voiles, mais tous porteurs d'une grande croix pectorale.

A parcourir ainsi les avenues de Moscou, on a l'impression d'une ville qui a été livrée à la mégalomanie d'une douzaine d'Haussmann. Hâte d'en reconnaître demain le centre.

A la télévision, on se serait cru rue Cognacq-Jay. Et c'est, bien entendu, le premier préjugé dont il faut ici se débarrasser : l'idée que la "pauvre" Russie ne saurait posséder de tels studios, un tel équipement, des manières (en régie ou sur le plateau) aussi proches des nôtres. C'est alors qu'on se souvient qu'ils furent les premiers dans la conquête de l'espace.

On disposait d'un quart d'heure en direct dans une émission populaire de grande écoute, consacrée à la vie moscovite. En réponse à la première question – dans quelles circonstances avait-elle quitté la Russie ? – Nina a raconté par le menu son départ avec Khodassevitch en 1922, outrepassant d'entrée de jeu les quinze minutes. Ceux de la régie faisaient de grands gestes, agitant leurs doigts comme des ciseaux, mais l'interviewer (dont les roses chaussettes tire-bouchonnées me fascinaient), sans doute pris par le récit de Nina, ne leur prêtait aucune attention. A la fin il m'a fait signe. Elena Joly me servait d'interprète : "Tu as dix secondes pour conclure." Conclure ? J'ai pris le temps qu'il fallait pour raconter aux Moscovites ma rencontre avec Nina et la reconnaissance si tardive d'un écrivain chassé de son pays par l'intolérance. C'était une manière, dès le premier soir, d'évaluer leur nouvelle liberté d'expression.

Avant de regagner notre chambre, nous sommes restés, Christine et moi, près de Nina un moment. Elle habite une suite dont toutes les tables sont couvertes de fleurs. "Méfiez-vous de vos premières impressions, nous a-t-elle dit. Vous ne connaissez pas le russe et vous ne pouvez donc pas comprendre que, sous leurs airs sérieux, ils ne le sont pas du tout. Vous les croyez aimables parce qu'ils le sont avec vous, mais entre eux ils se traitent comme des chiens et sont toujours prêts à se sauter à la gorge..."

Moscou, le 6 septembre – Par bonheur, le soleil a mis de la vie, de l'animation, des couleurs dans Moscou. Nous avons préféré le bus à la voiture de service et, sous la houlette de Tatiana – elle enseigne le français aux étudiants en histoire à l'université – nous nous sommes dirigés vers le Kremlin, laissant Nina à ses premiers rendez-vous. Mais, ce matin, l'accès de la place Rouge était réservé aux visiteurs du mausolée de Lénine. Pas question de faire la queue pour aller voir ce macchabée historique, ai-je pensé. Plus tard, dans la journée, j'ai regretté. Ne pas aller voir ce petit père terrible de l'histoire, qui occupait jadis tant de place dans les discussions de mon père avec le sien, c'était une manière de contre-snobisme. Et je me suis souvenu des mots de Jean Hugo dans son *Voyage à Moscou et à Leningrad* : "Lénine, vêtu d'une vareuse brune, les sourcils froncés, les lèvres serrées, a sur ses traits l'empreinte du désespoir, que les embaumeurs n'ont pu effacer. Il ne repose pas en paix." Je me suis promis d'aller tout de même voir ça. Une autre fois.

Voir dès le premier jour le Kremlin, avec ses églises et ses grappes de bulbes dorés ou multicolores, c'est s'approprier d'entrée de jeu Moscou, la Russie et son histoire par ce qu'elles ont de plus symbolique. Nous avons tourné autour de ces temples, les avons visités au milieu d'une foule bigarrée, cosmopolite, nous laissant aller au désordre des impressions, des associations, méditant à la fois sur la culmination de la religiosité deux siècles avant que le pouvoir révolutionnaire tentât de briser l'échine de l'Eglise, et sur le retour de cette religiosité par les portes gorbatchéviennes, nous faisant aussi l'un à l'autre réflexion que l'iconostase pourrait être à l'origine de la bande dessinée et que certaines compositions, avec leurs saynètes qui entourent le motif principal, ont dû inspirer Alechinsky, ou encore trouvant qu'avec son œil terrible, tout là-haut dans la coupole, Dieu se prend pour Ivan...

Un peu ivres de toute cette dévotion décorative, nous sommes allés le long de la Moskova, et, regardant ce qu'il en reste là, sur les berges, nous avons imaginé quelle ville irrésistible devait être Moscou au siècle dernier. Par-dessus les rouges murs d'enceinte du Kremlin, les bulbes torsadés étaient prêts à s'envoler comme les ballons d'une fête.

Plus tard, échoué dans un petit café enfumé où l'on ne fume pas et où l'on consomme debout thé, café et pâtisseries sèches au milieu de vociférations et de silences alternés.

Je les ai regardés autant que j'ai pu, les Moscovites, dans ce café, dans les parcs, dans la rue, le métro. Ceux de ma génération et d'alentour ont la fatigue inscrite dans les traits, aussitôt assis ils somnolent, ce sont des vieux vêtus avec pauvreté, le revers de la veste souvent orné de décorations multiples. Comment

240

pourrait-on voir en eux des adeptes de la perestroïka ? Mais ceux de la génération de Tatiana, en revanche, souvent beaux, vifs, ont des gueules et du caractère, les garçons sont en jeans, les filles en mini jupes ou jupes fendues, les voilà élégants avec un rien (même si, comme pour me démentir, il m'est arrivé de croiser des groupes de blondasses au crâne rasé et à la moue méprisante ou de jeunes officiers qui portent sur la nuque la poêle à frire qui leur sert de couvre-chef), ceux-là, oui, montrent qu'une modification est advenue.

J'ai communiqué cette impression à Tatiana. "Les jeunes, nous a-t-elle dit, voient dans la perestroïka une ouverture pour les aspirations naturelles à leur âge. Mais les vieux s'abandonnent à la résignation. Même si la perestroïka leur paraît bonne, elle signifie d'abord qu'ils ont lutté, espéré, subi pour rien. Ils se sentent d'une génération bernée..."

Tuante est Moscou pour le piéton. A New York, on compte les blocs et on sait où l'on en est. Ici, chaque courbe paraît nous relancer dans un lacis qui nous éloigne de notre destination. A plusieurs reprises, j'ai dit : "Assez, prenons le métro !" C'est aussi que je ne m'en lassais pas, du métro. On s'engouffre dans l'une de ces stations qui ressemblent tantôt à un ministère, tantôt à un mausolée. Par des escalators presque verticaux, on descend vers de petites salles baroques, nouille ou modernes, temples dévolus aux héros, aux idées, aux sports, aux arts. Un monde sous la ville, encombré, multiple, grouillant. Mais sans un cri, et sans crasse.

Déjeuner tardif à la Maison des écrivains, superbe demeure dont Tolstoï (qui a là sa statue) a fait la demeure des Rostov dans *Guerre et Paix*. Nous avons rejoint Nina tout étourdie par les gens qui, depuis le matin, se pressaient autour d'elle et la pressaient de questions. Elle ne s'y retrouvait plus dans son programme, était exaspérée, grondait, fulminait. Mais en même temps je la sentais prête, ne serait-ce que pour se débarrasser des solliciteurs, à signer tous les contrats que lui proposaient déjà des éditeurs à l'identité obscure. Le repas a tant traîné que, pour en finir avant cinq heures, on est passé des hors-d'œuvre au café.

Avant d'abandonner à nouveau Nina à ces prédateurs, j'ai entrepris V., l'un des organisateurs de la tournée. "Je vous tiens pour responsable de sa vie", lui ai-je dit avec un tragique que je voulais aussi russe que possible. Et d'expliquer qu'à son âge il fallait à Nina, après chaque rendez-vous, quelques heures de repos et de calme. Le poète m'a pris les mains et m'a juré sur je ne sais qui ou quoi, le tsar, la dépouille de Lénine ou les Droits de l'homme, qu'il en répondait comme si c'était sa propre mère.

Enfin accessible, enfin découverte, la place Rouge, et sous un soleil déclinant qui la couvrait d'or. Curieuse impression d'accéder à une surface bombée. Les bâtiments d'alentour, le Goum et même Saint-Basile, sont rabattus dans l'espace, à la périphérie. Au centre, contre le mur du Kremlin, le fameux mausolée tout en marbres bruns qui, comparé à ce que mon imagination et l'iconographie en avaient fait, s'avère un minuscule édifice évoquant l'une des stations de métro empruntées le matin plutôt qu'un grand temple soviétique. C'est de là-haut – mais cela me paraît maintenant si bas – que les officiels assistent aux défilés de mai et d'octobre.

Assisté pour notre part à la relève de la garde. Puis déambulé en face, dans les galeries du Goum qui ont un petit air à la fois vénitien et piranésien, mais où les échoppes peu garnies sont tristes. Méditer tout de même sur l'illusion que les étalages profus de l'économie de marché sont plaisants pour tous...

Au moment où, ce soir, nous partions pour le Conservatoire, Nina m'a confié qu'elle n'avait pas envie d'arriver en retard au dîner organisé pour elle par son ami Zorine et qu'elle renonçait au concert Chnitké auquel nous étions invités.

Blanche, avec son parquet horizontal, la grande salle du Conservatoire tient surtout du salon d'apparat. Nous nous y sommes retrouvés, Christine et moi, parmi des acteurs et des personnalités qui attiraient tous les regards, et près de Bitov, d'Evtouchenko que j'ai tout de suite reconnu, de Chnitké lui-même. Quelques-uns m'ont salué avec autant de familiarité que s'ils me connaissaient. "Ne t'étonne pas, m'a dit Elena, ils t'ont tous vu à la télévision hier soir, avec Nina." Donc, ici aussi le pouvoir télémaniaque...

Avant le concert, deux ou trois personnages éminents du monde de la musique ont parlé de l'art de Chnitké dont ils ont regretté que l'œuvre fût mieux connue à l'étranger, aux USA en particulier, qu'en URSS. J'ai compris que j'assistais à une soirée de reconnaissance, presque de réhabilitation.

Le moment le plus fort, ce fut à coup sûr l'interprétation, par un chœur d'hommes en habit et de femmes déguisées en moniales, de onze psaumes du XVIe siècle, arrangés par Chnitké de manière en même temps subtile et somptueuse. Le concert achevé, la salle et les choristes ont fait assaut d'applaudissements et des dizaines de personnes se sont avancées pour apporter des fleurs aux exécutants. Le rôle des fleurs, ici... Depuis mon arrivée à Moscou j'en ai vu offrir des tombereaux.

Chnitké, maintenant. Il est malingre, imberbe, chevelu comme Chopin, bégayant, tremblant, boiteux, souffreteux même, on dirait un revenant ou un rescapé. Mais sa douceur est évidente, tout de suite sensible, et son charme irrésistible. Je n'avais plus d'interprète et l'anglais de Chnitké est fort rudimentaire. Nous avons dû nous contenter de quelques compliments, de deux ou trois signes et d'une poignée de main où je n'osais faire passer ce que j'aurais voulu lui

244

exprimer, tant je craignais, serrant cette main décharnée, d'en briser les os fragiles.

Quand nous sommes sortis du Conservatoire, à onze heures (si Nina était venue elle aurait loupé son dîner chez Zorine), Moscou était obscure, déserte. Marché un peu, puis pris un bus. A l'hôtel, mangé un sandwich au bar, tandis que reparaissaient un à un dans le hall les popes exotiques du matin.

Pendant que je rédige ces notes, la télévision diffuse une longue émission sur Simenon. Ai tout lieu de penser qu'il est mort.

Moscou, le 7 septembre – Déchiffré les titres de la *Pravda*. Oui, Simenon est mort.

Ce matin, Nina a les yeux gonflés, une moue anxieuse, des mains qui tremblent un peu. "Je n'ai pas fermé l'œil de la nuit, me dit-elle, parce que j'ai manqué à la promesse que je t'avais faite de ne pas signer de contrat dans la hâte." Et de me raconter qu'hier elle en a signé un pour la publication de son livre sur les maçons. "Il fallait faire vite", me chuchote-t-elle comme s'il y avait encore des micros dans les chambres de l'*Ukrainia*. "J'ai appris que les gens de Pamiat projetaient d'éditer mon livre sans me consulter, ajoute-t-elle, et de le produire comme une preuve de la permanence du «complot judéomaçonnique». Il fallait couper court à ce projet obscène. Tu es bien d'accord ?"

Tatiana nous a emmenés au mont Lénine. L'immense Moscou se prélassait, nue, au soleil de cet été presque indien. Les bulbes partout redorés sonnaient dans les lointains. Derrière nous, une autre parmi les cathédrales staliniennes : l'université où Tatiana est chargée de cours. Et la conversation est partie là-dessus, sur les études, la difficulté des concours, les salaires insignifiants qui attendent les diplômés. Tatiana touche cent vingt roubles par mois et partage un petit appartement avec ses parents, heureuse pourtant qu'ils ne soient plus, comme ils le furent longtemps, logés dans un immeuble communautaire avec cuisine et sanitaires partagés par vingt personnes. Et ainsi, peu à peu, nous comprenons que la perestroïka n'a pas pour eux et pour nous le même relief, le même sens.

Tatiana m'a interrogé sur mes voyages. Cuba, Varsovie, Berlin-Est, l'enfer roumain entr'aperçu à Bucarest, les vexations, avanies, persécutions qu'y subissent les intellectuels. "Nous avons connu ça", m'a-t-elle dit. Puis a murmuré : "Mais en avons-nous fini avec ça ou allons-nous retourner à ça ?" Ah, ce terrible *ça*.

Après celle des jardins et des églises du monastère fortifié de Novodevichi, visite du cimetière qui le jouxte. C'est le troisième dans la hiérarchie soviétique de l'inhumation, après le mausolée de la place Rouge réservé à Lénine et le mur du Kremlin où sont les restes des personnalités qui ont échappé à la dis-grâce.

Avec l'air de tomber dessus par hasard, Tatiana nous a fait découvrir les tombes de Gogol, Tchekhov, Maïakovski, Kogan... Et chaque fois contrôlait ma capacité de déchiffrer les caractères cyrilliques. "Et celui-là ?" me demandait-elle. J'épelais et j'étais, selon mes mérites, encouragé ou blâmé.

Nina avait dit et répété : "Surtout, pas de cimetières !" Mais ces tombes, c'est une des dimensions de l'histoire. Longue station devant celle de la veuve de Staline dont les Russes font maintenant une martyre : un fin visage de marbre blanc protégé (de quelles insultes ?) par un capot de plastique. Plus loin, dans un délire sculptural, parmi des têtes et des bustes de dimensions exorbitantes qui semblent se disputer l'autorité posthume, soudain le modeste tombeau de Nikita Khrouchtchev. Noire et blanche, réalisée par un sculpteur qui fut pourtant relégué de son temps, cette stèle est fleurie d'abondance parce que, nous dit Tatiana, dans l'homme qui frappait de sa chaussure le pupitre de l'ONU, les gens voient aujourd'hui un précurseur des réformes gorbatchéviennes.

Pour visiter la maison de Tolstoï, il faut par-dessus ses chaussures lacer des chaussons de feutre afin de ne pas abîmer les parquets. C'était donc bien ça, l'ancienne Russie, comme dans les livres et comme hier nous l'imaginions au bord de la Moskova : des maisons basses, cossues, harmonieuses de proportions, douces de couleurs. La vie s'est comme arrêtée ce matin, les tables sont dressées, les lits bien bordés, les parquets cirés, les journaux sur les guéridons, les fleurs disposées, les fenêtres ouvertes sur des jardins où murmurent au vent les bouleaux.

A côté de son cabinet, Tolstoï avait un établi de cordonnier où l'on voit encore des bottes qu'il confectionnait de ses mains – sa passion. Furieux qu'un tel génie perdît ainsi son temps, son gendre aurait placé dans sa bibliothèque les bottes que lui avait confectionnées son beau-père et les aurait numérotées dans la suite des œuvres complètes.

Pour le déjeuner, Tatiana nous a emmenés *Chez Marguerite*, un restaurant ainsi nommé au motif que le Maître (cf. Boulgakov) pourrait bien avoir habité là. Ainsi, il existe bel et bien de petits établissements comme on en cherche dans toute ville. Ils sont ici coopératifs, et les coopératives, c'est sans doute la plus symbolique des initiatives du nouveau régime. Ah, quel contraste avec les établissements d'Etat ! On nous a reçus avec empressement, servis avec courtoisie, nous avons pu choisir à la carte et, sinon qu'il n'y avait pour boisson qu'une limonade assez fade, ce fut délicieux. Il m'en a coûté trente roubles, dix par personne, rien pour nous, assez lourd tout de même pour le budget d'une chargée de cours avec ses cent vingt roubles par mois. "Les coopératives, parce qu'elles ont accès au profit, ne sont pas appréciées de tout le monde, nous a dit Tatiana, et certaines ont même fait l'objet de vandalisme."

Une visite à l'ancien domaine impérial de Kolomenskoïe nous confirme que les Russes manifestent des tendances quasi polonaises en matière de religion. Les églises restaurées sont pour la plupart rendues au culte. "Renaissance religieuse qui arrange bien les affaires de Pamiat", nous confie Tatiana. Quand nous sommes entrés dans l'église la plus ancienne, un récital de chants du XVIe siècle, interprétés par un chœur de Kastrama, allait commencer, et certains commentaires du chef de chœur, de même que l'emphatique lecture d'un poème ultra-nationaliste, nous ont montré que Tatiana ne se trompait pas.

Vers cinq heures, dans une Maison de la culture, située en ville mais, me semblait-il, à des années-lumière de l'*Ukrainia* (immensité de Moscou, encore, toujours), une soirée Berberova était organisée au profit des veuves d'écrivains victimes de l'ancien régime. Grande salle de spectacle avec parterre incliné et profond balcon. J'ai compté deux mille spectateurs et l'on m'a dit ensuite que près de huit cents n'avaient pu entrer. Lumière, chaleur, effervescence, télévision, la soviétique et la française. Sur l'immense scène inondée par les projecteurs, devant l'écran surdimensionné, Nina est apparue, minuscule et déjà si présente, les bras encombrés de fleurs, et l'assistance lui a fait une ovation soutenue. Ainsi donc, soixante-sept ans après le départ en exil avec Khodassevitch, elle est revenue seule et les Moscovites étaient si nombreux ce soir, si exubérants, qu'on aurait cru, n'était leur âge moyen, qu'ils avaient assisté au départ et attendu ce retour...

Vosnienski a lu un poème dédié à Nina, puis Ourlov a salué la découverte éditoriale. Assis au premier rang (une fois encore à côté d'Evtouchenko), il m'a fallu me lever, monter sur la scène. En quelques mots repris avec soin par Tatiana (admirable traductrice) j'ai raconté la "découverte" de Nina et rappelé que j'avais ponctué le lancement du premier titre, *l'Accompagnatrice*, d'une phrase souvent répétée dans la presse française : *Une romancière que l'URSS pourrait enfin découvrir.* "Et maintenant, voilà qui est chose faite", ai-je conclu. J'ai eu ma part de ces applaudissements dont les Russes sont si peu avares.

Ce fut le tour de Nina. Mais, au lieu du discours que peut-être on attendait, elle a lu trois passages de *C'est moi qui souligne.* Je ne lui connaissais pas cette voix, ample, mélodieuse, d'une tessiture à faire pâlir d'envie les acteurs de sa génération, capable de déclencher tour à tour les rires et les larmes.

Tatiana qui me traduisait avec soin s'est interrompue pour me redire à l'oreille qu'ils étaient tous, à Moscou, stupéfiés par la pureté de la langue de Nina et de son accent qu'un long exil n'avait pas le moins du monde altéré.

Puis Nina a été livrée à ce jeu surprenant – cela tient du cirque et du concours – qui consiste à déplier un par un les billets sur lesquels les auditeurs ont inscrit en hâte leurs questions et qui, passant de main en main, ruissellent jusqu'au premier rang d'où l'un ou l'autre volontaire se lève pour les apporter sur la table. "Chère Nina Nikolaïevna, quelle est votre date de naissance ? " "Je vois, disait Nina avec coquetterie, vous voulez connaître mon signe astral... Eh bien, faisait-elle en se passant la main dans les cheveux, vous le voyez, je suis Lion." Ou bien : "Vous attendiez-vous à ce que vous avez trouvé ici ? " Et Nina : "Ce que j'ai vu, je l'ai vu, bien vu... Mais je ne suis là que depuis deux jours." Et eux encore : "Pensez-vous qu'on ait assassiné Gorki ?" Et elle : "J'étais trop loin quand cela est arrivé. Mais il y a des raisons de penser que le *petit père des peuples* a pu le faire empoisonner." Et cette autre question : "Que pensez-vous de la situation, ici ?" Elle : "Vous êtes à la char-nière de deux époques dans votre histoire..." (Ce souci qu'elle a de montrer qu'elle n'est plus citoyenne de ce pays : c'est *leur* histoire, ce n'est plus la sienne.) Elle ajoute : "Ce que j'ai envie de dire là-dessus est près de sortir de ma bouche, mais je vais le garder pour moi." (Ce qu'elle garde pour elle, je le sais, en tout cas je sais ce qu'à chaque instant elle me répète depuis notre arrivée : que la lenteur gorbatchévienne a coupé l'élan, que le dé-sastre économique est irréparable, que la bu-reaucratie totalitaire risque d'avoir raison de la poussée démocratique.) Et soudain une question qu'elle lit d'une voix tremblante : "Que pensez-vous de la collusion judéo-maçonnique ?" Alors, elle : "Je vois d'où cela vient. (Murmures et rires dans la salle.) Ce sont des sottises (je me suis demandé si Tatiana n'avait pas traduit "sottises" par crainte de dire "conneries") qui ressurgissent tous les vingt ans et qui se fondent sur un grand mépris des réalités. On entendait déjà cela du temps des tsars." Du côté du poulailler montent des protestations. Tatiana me glisse à l'oreille que ce sont des activistes de Pamiat, que la question vient d'eux et que c'est désormais leur habitude de troubler ainsi les débats progressistes. La salle applaudit Nina.

Les questions se succèdent – et Kravtchenko, et Tsvetaieva, et les écrivains d'aujourd'hui ? –, il se fait tard, neuf heures déjà, un signe aux organisateurs, pitié, je vous prie... "Deux questions encore, pas plus", dit l'un d'eux.

Première : quel est, selon Nina Nikolaïevna, le plus grand personnage de l'émigration ? Elle n'hésite pas : "Un seul génie, dit-elle, Nabokov !" Dans le silence qui accueille cette réponse j'ai envie de lancer son nom à elle. Seconde et dernière question : pourquoi ce titre, *C'est moi qui souligne* ? "Parce que moi seule souligne, dit-elle, moi, et pas le lecteur."

Le même organisateur prend le micro pour annoncer que la soirée se termine. Ouf. Nina redresse la tête : "Vous êtes fatigués de moi ?" Rires, applaudissements. "C'est bien, dit Nina. Je vais donc vous lire quelques poèmes..." L'organisateur me regarde d'un air navré. Et pendant trois quarts d'heure encore, de cette voix inconnue avant ce soir, elle lit des poèmes.

Après, on lui offre un châle arachnéen d'une grande beauté. Quand je la rejoins sur scène, parmi les amateurs d'autographes qui se pressent autour d'elle en se donnant de méchants coups de coude, elle me dit, désignant le châle : "Tu as vu ce machin ? Mais c'est pour les vieilles, ça !"

Deux éditeurs se pointent, des contrats à la main. Je leur fais dire par Tatiana que je n'ai pas l'habitude de signer des contrats à la sauvette, que je veux en étudier les clauses, les soumettre à mon avocat, qu'il nous faut en tout cas – qu'ils le sachent – des devises convertibles et non des roubles. L'un d'eux proteste. Alors, moi : "Vous avez attendu un demi-siècle pour reconnaître Berberova, vous attendrez bien quelques semaines encore !"

Evtouchenko s'est proposé pour nous reconduire à l'hôtel. Et me voilà, avec Christine, à l'arrière d'une Mercédès de grand luxe. Fauteuils de cuir, tableau de bord en loupe de noyer, conduite automatique, tout est haut de gamme, comme la veste de cuir du barde et ses chaussures en croco, comme aussi la ravissante et muette créature qui l'accompagne. Dans un anglais rocailleux, le poète soviétique qui s'est fait une réputation et une fortune me parle de ses tirages (ils se chiffrent, dit-il, par millions d'exemplaires), de ses gains que sa voiture atteste, de sa gloire, de ses relations, de ses amis célébrissimes. Puis il me parle de l'édition. "Métier rêvé dans ce pays, dit-il, jamais d'invendus, les tirages les plus forts sont épuisés dans les jours qui suivent la sortie de presse. Et puis, la spéculation qui s'ensuit. Les livres, sur le marché d'occasion, peuvent valoir jusqu'à cent fois le prix de vente initial. Alors, les éditeurs malins..." Il rit. Puis, soudain : "Je vous invite à dîner." Je consulte Christine du regard, nous sommes vannés, il n'est pas loin de minuit, j'ai le plus impatient désir de consigner les impressions d'une journée bien remplie et je me souviens du récit que Nina me fit de la visite d'Evtouchenko à Princeton. Je dis non, je dis qu'il me faut encore travailler, je dis... Il arrête la voiture d'un coup de frein brutal, se retourne, m'interrompt. "Je vais dès ce soir, dit-il, créer un club très fermé, un club terriblement snob, le club des personnes qui ont refusé de dîner avec Evtouchenko. Et vous en serez le premier membre." Ce trait d'humour a quelque peu compensé l'effet de ses rodomontades.

Moscou, le 8 septembre – Le cinéaste de Leningrad, Dolinine, dont Nina m'avait parlé m'a demandé un rendez-vous matinal. Sa ravissante amie (encore une !) lui sert d'interprète. Dolinine veut acheter les droits de *l'Accompagnatrice*. Je lui parle de Claude Miller qui détient l'option. Une coproduction est-elle concevable ? Très vite, la réponse me paraît claire : Miller pense à Elena Sofronova et Dolinine la déteste, tous deux ont un tempérament et ce n'est pas le même, Dolinine ne parle ni le français ni l'anglais... Je suggère à Dolinine de lire *le Mal noir*.

Nouvelle journée de tourisme dans la compagnie de Tatiana, pendant que Nina donne des interviews à tour de bras. Quelques images fortes dominent les autres...

Un tableau de Veretchaguia (un photographe, disent ses détracteurs) qui montre un Napoléon jamais vu, saisissant de vérité, pas rasé, la tête couverte d'un chapska et entourée d'un cache-col, un transi de froid, le regard mauvais. C'est que Moscou ne se rend pas.

A la maison Pouchkine, le cartable de Gogol, cuir jaunasse, coins élimés, lanières brisées, émouvant objet – mais que vient-il faire là ? Et le protocole, rédigé par Pouchkine lui-même, du duel dans lequel ce cocu de génie allait mourir à trente-sept ans d'une balle française.

Après le déjeuner dans un autre restaurant coopératif, une vraie guinguette avec des tables sous les arbres, à l'enseigne des *Aurores de Moscou*, près de l'étang de Boulgakov, on se photographie tour à tour sur le banc de Voland.

Flâné à l'Arbat dont on parle tant chez nous depuis la parution du livre de Rybakov.

C'est Montmartre l'été, aussi vulgaire, aussi bruyant, aussi consternant, un haut lieu du mauvais goût. Mais ça se passe en URSS, c'est à Moscou et pas à Paris, après tant d'années de totalitarisme idéologique, c'est à peine concevable. Et, dieu, que les façades du siècle passé, ocre-rose, ocre-jaune, vert pâle ou bleues sont belles !

Tatiana, qui se sent en confiance, nous parle de sa jeunesse, de sa vie, de ses amies qui furent privées d'études parce qu'elles étaient désignées comme "filles d'ennemis du peuple" jusqu'au jour où Khrouchtchev ramena un peu de raison dans cette folie et cette vindicte dont un Ceaucescu a maintenu la pratique en Roumanie. Elle nous dit aussi que si elle peut nous accompagner, c'est parce que ses étudiants sont contraints en ce moment au ramassage des pommes de terre – travail obligatoire d'un mois dans chaque année d'étude.

Ce soir, au Théâtre musical pour enfants, près de l'université, stupeur de découvrir une sorte de Chaillot, un palais où les jeunots sont rois, reçus avec égard, instruits de ce qu'ils vont voir et invités à en débattre dans les formes qui leur conviennent. Au programme, *La Flûte enchantée*. Je m'attendais à une version courte, à des extraits ou une adaptation à l'usage des trois mille petits spectateurs de la grande salle. Pas du tout, version intégrale. Et jamais vu ça : point de fosse, l'orchestre au milieu de la scène, conduit par un chef de vingt-trois ans qui dirige de mémoire, au milieu des décors, avec les acteurs qui jouent devant, derrière, autour des musiciens et Papageno qui disparaît derrière un violoncelle, reparaît au milieu des violons. Ah, il y eut bien des couacs par-ci par-là, des notes hautes qui ne sortaient pas des gosiers, des basses qui ne descendaient pas assez, des éclairages parfois aussi précaires que des lampes de spéléologues, et surtout un bruit infernal, celui des machineries et celui des enfants discutant à voix haute quand Papageno était absent de la scène. Mais en contrepartie, une allégresse et des effets admirables, en particulier dans la scène des Epreuves où le feu et l'eau sont représentés par des jeux de rideaux colorés qu'une soufflerie agite.

Tout cela, Elena m'en avait prévenu, est l'œuvre d'une femme, Natalia Satz, qui nous a reçus dans son vaste bureau. Sachant que je m'intéressais à ses mémoires, cette presque nonagénaire s'est mise à me raconter quelques souvenirs, autant de repères plantés à mon usage dans le temps... Comment, toute jeune femme d'un important diplomate, elle avait eu une prise de bec avec Mussolini (et de mimer aussitôt, en comédienne qu'elle fut, la morgue et les attitudes du Duce), comment elle avait rencontré, fréquenté Stanislavski, Einstein, Klemperer et tant d'autres. Vu sa manière d'en parler j'avais l'impression que c'était là le catalogue de ses amants. D'une voix plus confidentielle, elle a évoqué la difficulté de monter ce théâtre, les seize années de goulag que cela lui avait values, son obstination, sa foi dans la vie, dans ses idées, dans les étoiles, en Dieu... Sa voix est remontée, elle a parlé de ses frasques, de ses quatre cents coups, s'est mise au piano, m'a dit : "Mon chéri, si tu me publies en France je viendrai présenter mes mémoires à Paris, et voici comment je ferai...", a relevé son ample jupe, noire et plissée, au-dessus des genoux, dévoilant des jambes à la Marlène Dietrich (une autre de ses amies), disant "il faut montrer ce qui reste encore", et se mettant à chanter dans un style à la Kurt Weill quelques épisodes de sa vie. Et presque tout cela en français !

C'était la Sainte-Nathalie. J'ai écrit sur une carte de visite : "Je suis désormais, chère Natalia Satz, votre éditeur affectionné." Trois baisers à lèvres goulues ont scellé l'accord éditorial.

Une amie d'Elena, Svetlana Bykovskaya, est venue nous prendre en voiture pour nous amener chez elle où nous attendait son mari. Elle est cancérologue, il est le spécialiste russe du sida et revenait de Washington où s'était tenu un colloque sur le sujet. Etrange... ils ne parlaient ni l'un ni l'autre l'anglais – et pas un mot de français. Nous en étions donc réduits aux bons offices d'Elena à qui le champagne accompagnant le caviar tournait la tête. C'est à peine si l'on a pu comprendre, Christine et moi, qu'il n'y aurait pas en URSS plus

de seize malades et de trois cents séroposi-
tifs, mais qu'il fallait s'attendre au pire car on
ne trouverait rien avant dix ans pour enrayer
l'épidémie.

Le repas achevé, nous sommes allés voir
en pleine nuit la place Rouge illuminée (avec
discrétion). C'était comme une bête qui dort
dans un clair-obscur, ruminant en silence les
gloires et les horreurs qui meublent sa mémoire. Les Bykovsky étaient formels : si Gorbatchev ne prenait pas dans les trois mois
des mesures pour culbuter les petits chefs
qui font obstacle à la perestroïka, la Russie
connaîtrait une nouvelle guerre civile ou ferait
retour à la dictature. Mais pourquoi, diable,
sur ce sujet et en cet endroit, s'exprimaient-
ils soudain dans un anglais si aisé ?

Moscou, le 9 septembre – Comme chaque
matin, nous sommes allés voir Nina dans sa
chambre. Elle était maquillée par la fatigue
et le téléphone ne cessait de la harceler. Mais
elle n'a pas voulu que je demande à la réception de couper sa ligne. J'ai l'impression
qu'elle veut tout prendre de ce qu'elle peut
avoir, en vrac, dans le désordre, avec l'idée,
peut-être, qu'elle séparera le grain de l'ivraie
quand elle sera rentrée à Princeton.

Soudain elle m'a pris par les revers et attiré vers elle. "Sais-tu, s'est exclamée celle
qui, hier encore, disait ne s'intéresser qu'aux
gens, et surtout pas aux monuments, sais-tu
que je n'ai pas encore revu la place Rouge ?
Ils s'en fichent que je ne voie pas la place

Rouge. Ils n'ont qu'une idée : piller ma mémoire, tout savoir de ce que je sais !"

Avant de nous quitter – car nous étions invités par les parents d'Elena dans leur datcha de Pakhra –, Tatiana nous a montré rue Gorki les façades en granit rose. "C'est le granit, nous a-t-elle dit, qu'Hitler avait fait venir jusqu'aux portes de Moscou pour construire un monument à la victoire sitôt que la ville serait tombée."

Pendant que nous roulions vers Pakhra, un jeune homme qui accompagnait Elena tirait quelque fierté de notre stupeur devant les dimensions de Moscou. "Quarante kilomètres du nord au sud et trente-cinq d'est en ouest, disait-il avec assurance. Plus vaste que New York, trois fois plus grande que Londres. Et vingt-deux mètres carrés d'espaces verts par habitant, contre quatre à Paris." Etrange... j'ai retrouvé ça mot pour mot dans le *Guide bleu*. Tatiana, elle, nous avait dit que pour aller voir une de ses amies qui habite à l'autre bout de Moscou, il lui fallait attendre d'avoir au moins deux jours de congé.

Conçu avant la guerre pour des écrivains qui avaient le droit d'accéder à la propriété, le village de Pakhra se compose de baraques établies au milieu des érables et des bouleaux, et l'on entre là de plain-pied chez les héros de Tourgueniev et de Tolstoï. Nombre d'occupants, tels les parents d'Elena – Benjamin et Xenia – louent ces datchas à des écrivains désargentés ou aux héritiers de ceux qui sont décédés.

On s'est tout de suite mis à table – une table pour nous très tolstoïenne mais sans doute simplement russe. Conversation d'entrée de jeu politique. Benjamin, qui est (ou fut) membre du Parti et à qui je n'avais rien demandé, voulait à tout prix me convaincre – par des protestations plus que par des arguments – que ses convictions anciennes étaient compatibles avec l'intérêt qu'il porte à la perestroïka. Cela sonnait si faux que Xenia, pressentant la mauvaise tournure qu'allait prendre la conversation – d'autant que T., un auteur que nous allons publier l'an prochain (une fille ravissante, métamorphosée par la gourmandise en poupée gonflable), prenait avec violence le parti de l'Occident capitaliste –, s'est levée et, verre à la main, nous invitant à boire, a cité Tiouttchev : *Bienheureux celui qui a visité le monde dans la minute qui a décidé de son destin.*

J'aurais aimé répondre qu'il faut toute une vie (en vérité, parfois même, toute une vie ne suffit pas) pour tirer de l'obscur fatras où l'on naît quelques idées claires, et que rien ne serait plus navrant que de se décourager au moment d'y parvenir. Mais j'y ai renoncé parce que Elena ne traduit pas comme Tatiana et que de cette pensée périlleuse elle risquait de faire un panaché.

Après un déjeuner d'une abondance peu commune, promenade dans les bois et visites à quelques voisins. Il m'a semblé que nos hôtes ne fréquentaient pas les écrivains mais seulement les gens qui sont venus là, comme eux, en tirant parti du système. Partout, cette laideur russe dans la décoration et les objets, mais partout aussi à notre endroit la même *Gemütlichkeit* qui contraste si fort avec l'agressivité que l'on devine entre eux.

Ce soir, pendant que je rédigeais mon journal de voyage, notant ces petites choses qui surprennent – par exemple, que les automobilistes n'abandonnent jamais leur voiture sans enlever les essuie-glace qui sont introuvables dans le commerce, ou encore que si l'on nous a offert jusqu'ici limonade, vin ou champagne, on ne nous a pas encore proposé de vodka – Gorbatchev est apparu à l'écran. En zappant j'ai vu qu'il était sur toutes les chaînes. A son air grave, aux mots déposés avec soin, au léger tremblement de la voix, à des silences inquiétants j'ai pensé qu'il annonçait des dispositions assez graves. Etait-ce le tournant attendu ? Sitôt le message terminé, j'ai téléphoné à Elena. "Déception et inquiétude, m'a-t-elle dit. Il a insisté sur l'importance de la perestroïka mais sans annoncer de mesures nouvelles pour l'imposer, soulignant plutôt la montée du banditisme et la nécessité de renforcer la milice. Il a terminé en rappelant l'importance du Parti..." C'est Benjamin qui doit être satisfait.

Moscou, le 10 septembre – Ce soir, un feu d'artifice embrase l'hôtel de toutes parts. Tatiana vient de nous quitter, les bras chargés de livres, de foulards, de savons, de chocolats qui lui rappelleront, espérons-nous, notre gratitude. Dans une heure nous prenons le train de nuit pour Leningrad. Hélas, ce n'est pas le même que Berberova, partie une heure avant nous avec le fidèle Sergueï qui, depuis notre arrivée, l'accompagne. Une embrouille de plus...

Toute la journée a été consacrée à reconnaître Moscou, en bateau sur la Moskova, puis à pied. Malgré les destructions, de la guerre et de l'idéologie, certains quartiers constituent encore un fabuleux catalogue d'architecture où l'on retrouve côte à côte les maisons de bois rescapées du grand incendie, les immeubles du XIXe, les architectures moderniste, constructiviste, nouille, art déco, etc. C'est d'une richesse que Tatiana espère désormais à l'abri de l'éradication socialiste.

On a beaucoup reparlé du discours de Gorbatchev. Sergueï a vu là une manœuvre pour empêcher Ligatchev de s'emparer du secrétariat du Parti. Nina s'est abstenue, pour elle rien de ce qui devrait être entrepris n'a été évoqué. "Pessimiste je suis, pessimiste je reste", répète-t-elle. Pour Tatiana quelque chose s'est joué qui l'inquiète. "Si Gorbatchev devait perdre, a-t-elle dit, ce serait la fin de nos espérances, le retour de la dictature, l'obscurité..."

Leningrad, le 11 septembre – A l'hôtel *Leningrad*, en pénétrant dans la chambre, au huitième étage, ce matin, après une nuit de train, un choc : la façade est vitrée de haut en bas et la ville, écrasée par un ciel de plomb, s'étalait sous nos yeux au bord de la Néva. A nos pieds, devant l'Ecole navale, était ancré le croiseur *Aurore* dont un canon annonça en 1917 la chute de Kerenski.

Pendant que Nina est déjà la proie des officiels, première et immédiate visite en voiture. Avec ces dix-sept ponts mobiles, ces dizaines de petits ponts enjambant les canaux, ces palais baroques, ces édifices emblématiques, ces ocres et ces dorures, l'idée vient d'abord que Leningrad est comme un théâtre dont Pierre le Grand et ses successeurs auraient été les scénographes. Au premier coup d'œil, impossible d'imaginer en tout cas que cette cité fut fondée sur des marécages, ni qu'elle fut rasée aux deux tiers pendant la dernière guerre. Tout a été reconstruit à l'identique.

On nous a flanqués d'une nouvelle et volubile interprète qui tous les trois mots intercale dans ses phrases un étrange *vi* qui sans doute veut dire *oui*. Les propos nationalistes de celle que nous appellerons désormais Mme Vi, son émotion quand elle évoque la renaissance du sentiment religieux et sa manière tout admirative de parler de Ligatchev nous la rendent d'emblée suspecte.

Quant à Nina, que nous retrouvons à l'hôtel, elle me confie qu'elle a hâte que ce séjour finisse et qu'elle puisse me parler en tête-à-tête. On lui a fait faire, à elle aussi, un tour de ville. "Cette ville n'est plus la mienne, dit-elle. Tout est étroit, sale, triste, et les portes cochères sont condamnées où se tenaient jadis les portiers chamarrés..." Elle montre une impatience qui est nouvelle, houspille le personnel, interrompt d'un trait amer les commentaires complaisants de nos accompagnateurs. Et à nouveau se penche vers moi : "Ici, dit-elle, je deviens impitoyable. Vivement le 20 !" (C'est le jour de notre départ.) Puis : "Sais-tu que cette nuit, dans le train, un Finlandais ivre a pénétré dans mon compartiment ? Il s'est assis sur ma couchette et a voulu s'y étendre. Je lui ai donné un grand coup de pied et il a filé sans me rendre le coup..." A ce moment-là, nous étions à table, je lui tenais le poignet, si mince, si fragile, et me disais avec frayeur qu'il eût suffi d'une bourrade de l'ivrogne pour le lui briser.

Pendant que nous remontions et descendions la Néva en bateau, dans la compagnie de Mme Vi et d'Inna, les rouleaux noirs qui encombraient le ciel se sont dispersés vers le nord et la baroque Leningrad s'est mise à rutiler et à chanter au soleil.

La découverte s'est poursuivie à pied. Je n'avais qu'une idée en tête à ce moment : voir la maison natale de Nina, dans la Morskaya, devenue Retzena. Mme Vi et Inna ont pourtant tenu à me montrer d'abord celle de Nabokov, à l'autre bout de la rue, près de la cathédrale. C'est une maison bourgeoise où Inna est entrée. Elle en est ressortie après quelques instants : on ne pouvait pas visiter et la gardienne était effrayée à l'idée que cela devînt un musée car elle aurait à décamper.

Dans l'autre partie de l'ancienne Morskaya, voici enfin la maison que je voulais voir. Haute, raide, laide, sale. La porte passée, on tombe, dans le vestibule, sur un buste de Lénine et sur des affiches de propagande. Cette porte, Nina n'a pas voulu la franchir. "Plus rien à voir avec ce que j'ai connu", dit-elle, et répète que de son temps les cuivres étaient si joliment astiqués et le portier si imposant dans son uniforme.

Leningrad, le 12 septembre – A la table du petit déjeuner, un *tovaritch* en jeans, l'œil bleu, le cheveu blond et court, la taille imposante, nous interpelle dans un mauvais anglais. "C'est tout ce que vous mangez ? demande-t-il en désignant le fromage et l'œuf à la coque sur notre assiette. Vous allez manquer d'énergie !" Puis il avise le *Guide bleu*. Comment des Français pourraient-ils concevoir un bon guide sur l'URSS ?

Avec l'idée d'amadouer un peu ce rustre et de le faire parler, je lui dis que ce guide en tout cas nous aide à découvrir "un pays passionnant". Il flaire la complaisance et, bougon, me dit qu'il y a entre la France et la Russie un sacré contentieux.

J'aime à croire qu'il parle de l'époque napoléonienne à laquelle, hier, Mme Vi faisait de constantes allusions ("Regardez, un monument à la victoire... sur qui ? Sur Napoléon ! Et ce général, vainqueur de qui ? Des Français !").

Quand il apprend que nous habitons la région de Marseille, le *tovaritch* chatouilleux nous demande si le port est fermé par les glaces pendant l'hiver. En souriant, nous disons que non. Alors il se lève et grogne : "Il y a une chose que je sais, de toute façon : Marseille est la patrie des gangsters !"

Mme Vi est-elle réactionnaire, oui ou non ? En voiture, elle nous parle des coopératives comme d'une forme à peine dissimulée, et fort diabolique, de l'entreprise privée. "Ces gens-là, *vi*, brouillent le jeu, *vi*, provoquent la haine, *vi*, et ce n'est pas étonnant, *vi*, que certains établissements coopératifs soient incendiés..." *Vi, vi, vi !* Elle commence à m'agacer.

Mais au cimetière de Piskarievscoïe, le ton change et la voilà soudain émouvante. Elle nous fait visiter un petit musée où sont présentées, de manière très pudique, des photos qui retracent les neuf cents jours du siège de Leningrad, puis le cimetière où sont ensevelies, dans d'immenses fosses communes dont les lits de roses sont renouvelés chaque printemps, les centaines de milliers de victimes des bombardements, du froid et de la faim. C'est un de ces lieux du monde où l'on est saisi par la réalité de la barbarie. Je m'aperçois que des larmes coulent sur les joues de Mme Vi. "Vous y étiez ?" lui ai-je demandé. Elle y était, alors étudiante, et elle a perdu pendant le siège nombre de ses parents et de ses condisciples. D'une jeune inconnue qui était peut-être l'une d'elles, Mme Vi, qui n'a plus honte de ses larmes car elle voit que nous partageons son émotion, nous montre dans une vitrine les feuillets – environ huit centimètres sur quatre – où celle qui allait bientôt mourir inscrivait jour après jour la fin de ses proches. Sur le dernier feuillet elle a noté qu'elle était désormais la dernière en vie et que son tour allait venir. "Ces feuillets-là, dit Mme Vi, ont été produits au procès de Nuremberg et ce sont les seuls documents qui ont arraché des larmes à certains nazis." J'ai noté que, depuis le début, elle ne dit jamais *Allemands* mais toujours *nazis*.

A table, à midi, je raconte cette visite à Nina qui, elle, a passé la matinée sur les canaux en compagnie de l'équipe d'*Océaniques*. J'évoque ses parents qui sont sans doute dans l'une des fosses fleuries, puisqu'ils sont morts de faim, de froid, pendant le siège. Alors elle, d'une voix sombre : "C'est un massacre qu'on aurait pu éviter en grande partie si la bureaucratie soviétique n'avait empêché bon nombre d'habitants de fuir la ville à temps. Il leur fallait des paperasses, faire la queue, en recommencer une autre, et pendant ce temps les Allemands resserraient l'étau, cadenassaient la ville." L'émotion a basculé dans un autre registre.

Dans cette ville reconstituée sur ses décombres, passé la plus grande partie de l'après-midi à découvrir un peu des richesses du somptueux capharnaüm que constitue le musée de l'Ermitage. Tout a été dit sur ces collections et je me contente de noter quelques réflexions marginales. Le nombre de peintures illustres qui appellent une restauration urgente. L'éclairage détestable qui oblige à se contorsionner pour voir un tableau sans reflets. Mais le flair de Pierre le Grand qui a réuni cette collection sublime de petits maîtres hollandais du temps qu'il étudiait l'art de la construction navale à Amsterdam. Et les tables incrustées de la Grande Catherine qui écrivait à Diderot qu'elle seule et les souris venaient voir sa collection. Une vue superbe de Dresde par Bernardo Bellotto, toile que le musée a prêtée aux Allemands de l'Est pour la reconstruction de la ville anéantie, nous explique Mme Vi, cette Russe de noble extraction, aux origines suédoises et françaises (nous le savons maintenant) qui connaît décidément bien des choses.

Plus tard, dans une rue, une file énorme. Pourquoi ? Vodka ! Et nos cicérones de nous expliquer que, par crainte d'en manquer, car elle est rare maintenant, les gens se précipitent dès qu'un débit en annonce. Les gens se promènent d'ailleurs avec un cabas et achètent tout ce qui est soudain mis en vente à la sauvette, dans les boutiques ou sur les trottoirs. Reste que la bouteille de vodka coûte dix roubles, cinq pour cent d'un gros salaire.

Le manque de civilité est ordinaire. Les femmes sont bousculées comme les hommes dans les entrées, dans la foule, dans le métro. Je me demande ce que je penserais de ce pays si je n'y étais pas l'invité privilégié de l'Union des écrivains, si nous ne passions devant tout le monde, si l'on ne s'occupait pas de nous pour toute chose...

Par un avis affiché près du bureau des femmes d'étage, nous apprenons que, jusqu'au 14 qui est le jour de notre départ, nous n'aurons plus d'eau chaude. *For technical reasons*. Nous, ni personne dans l'hôtel. Belle philippique de Nina en perspective !

Leningrad, le 13 septembre – J'ai demandé à Nina comment elle avait passé la soirée. "Chez le fils d'un vieux communiste, a-t-elle dit, un vétéran fusillé." Puis, après un silence : "C'est bon de posséder un passeport américain. Ça vous empêche d'avoir peur."

A Inna et Mme Vi qui parlaient de la télévision, j'ai demandé si dans une émission que j'avais vue la veille, c'était Katyn, ce charnier d'où l'on avait retiré devant les caméras des crânes perforés par balle. "Non, non, répondent-elles en se disputant la parole, pour la première fois on montrait à la télévision un charnier dans un camp de Sibérie. Cent mille victimes au moins." Silence. Puis elles reprennent. L'une : "Les victimes de Staline se chiffrent par millions." L'autre : "Ce sont les meilleurs qui ont disparu, des années trente à la fin des années cinquante." Et la première à nouveau : "En ce temps-là, chez les intellectuels, il y avait toujours une valise prête pour la déportation."

Inna m'a pris à part pour me confier qu'elle écrivait un livre sur l'histoire de sa famille mais qu'elle était pour l'instant empêchée de poursuivre faute d'avoir accès à certaines archives encore interdites. Elle veut surtout faire connaître le destin tragique de son grand-père, éminent scientifique qui, un jour de septembre 1937 où il avait invité ses collaborateurs chez lui pour fêter son anniversaire, fut abattu sur ordre "d'en haut". L'exécuteur fut lui-même tué peu après, de telle sorte que les journaux, dans un jeu machiavélique, annoncèrent le meurtre d'un éminent savant et l'exécution de son assassin, brouillant les pistes et maquillant la vérité. Mais dans le malheur ce maquillage eut un effet bénéfique, m'explique Inna. "Du coup, ma grand-mère et ses enfants échappèrent à l'infamie d'être veuve et enfants d'un ennemi du peuple." Après un silence, Inna ajoute : "Personne n'a osé dire un mot de l'affaire avant le dégel khrouchtchévien."

Impression soudaine d'étouffer dans ce pays où je n'ai jusqu'ici rencontré personne qui n'ait eu à souffrir de l'idéologie sanguinaire. Alors que font-ils, maintenant, de leur liberté d'expression ? Pourquoi Inna, Mme Vi, Tatiana et leurs millions de semblables, au lieu d'hésiter, de regretter, d'espérer, d'attendre, n'aident-ils pas Gorbatchev à détruire les bases mêmes de ce régime fondé sur la terreur et le meurtre ? Mais que sais-je

de leurs difficultés, de leurs empêchements ?
Et puis, quand j'écoute Mme Vi, qui sait si
bien l'histoire russe, je me rends compte
que tout cela ne date pas de Staline. La cour
impériale a organisé la mort de Pouchkine,
les tsars et leur entourage se sont éliminés
comme de vulgaires Borgia... L'histoire russe
est rouge de sang avant de l'être par le com-
munisme.

Nous avions aujourd'hui rendez-vous avec
Pierre le Grand. Ah, le bougre que, par ses
portraits, le récit de ses frasques et de ses
meurtres, et l'ampleur de ses accomplissements j'ai l'impression déjà de connaître un
peu : grand, gras, gros, jouisseur, rusé, amateur
de jupons qui a gagné sa deuxième femme
aux cartes – une putain livonienne qui "ap-
partenait" à Mintchekov, une "blanchisseuse",
dit pudiquement le *Guide bleu* –, visionnaire
qui a édifié une ville entière et ses résidences
extérieures dans un delta marécageux, qui a
appris et exercé tous les métiers, de la construction navale à la cordonnerie, qui a passé
près d'un tiers de sa vie sur l'eau, qui a utili-
sé pour réaliser ses ambitions des esclaves
qu'il tuait à la tâche, qui a importé des nègres
dont l'un sera l'ancêtre de Pouchkine, qui
a tout régenté, les devoirs, les plaisirs, la
guerre, les sciences, la mode, qui a même
décidé de la longueur des jupes, de l'ouverture des manches et des corsages, de la taille
des barbes et des moustaches... Et que voit-
on, quand on débarque comme nous, ce

matin, à Petrodvoretz, la Versailles russe ? Une architecture folle, des aménagements solennels, des coins à plaisir, des fontaines royales, des lieux ombreux où les belles invitées déclenchaient sans le savoir des fontaines qui les trempaient en un clin d'œil, permettant ainsi au souverain gaillard de les emmener dans un pavillon proche pour les déshabiller, les réchauffer avec cette vodka qui lui a valu de la popularité, et on devine la suite... Fontaines, marais, delta... L'eau fut-elle pour Pierre le Grand, qu'on disait timide en dépit de ses extravagances, le moyen de faire démonstration de sa puissance ?

La visite nous a montré que la Grande Catherine ne fut pas indigne de Pierre : à soixante ans passés, sous le nez de son chien idolâtré, elle fourrait encore des jeunots de vingt ans dans ce grand lit en équerre, au milieu d'une de ces chambres où jamais ne manque la porte dérobée.

Tout avait été rasé par la guerre, tout a été reconstruit. De ce faste reconstitué, les Russes font-ils la même lecture que nous ? Ou se gargarisent-ils d'abord de cette reconstruction forcenée qui a conduit leurs artisans à reproduire les extravagances des anciens maîtres jusque dans les détails les plus libertins ? Il est vrai qu'Hitler avait juré de prendre cette ville en un tournemain, d'en faire à nouveau la capitale d'un pays qui aurait été à sa solde, et que son échec l'a conduit à humilier les habitants d'ici avec toute la haine dont il était capable...

Rentrés à Leningrad, nous allons voir des morts moins bruyants que Pierre le Grand. Au cimetière Nevski, on les a classés par corporations : écrivains, savants, peintres... Mme Vi, qui commence à connaître nos prédilections, nous a conduits devant les tombes de Dostoïevski, Borodine, Marius Petipa...

Deux sépultures me restent très présentes. Celle de Varvara Assenkova dont la beauté immortalisée dans le marbre blanc est d'autant plus troublante que, selon l'indispensable Mme Vi, cette actrice fut obligée de quitter la scène après son refus de céder à Alexandre II. Que de livres à écrire dans ces cimetières !

L'autre tombe... Tchaïkovski. On voit le maître inspiré qu'entourent de jeunes femmes pâmées. Mme Vi a commencé à débiter les fariboles habituelles. Cette fois enfin je la prends en défaut et lui raconte que le livre de Nina a réglé leur compte à ces mensonges, et que l'homosexualité du compositeur... Mme Vi m'interrompt. Elle sait cela mais croyait que... Donc, il y a encore des convenances dans le sillage du discours ancien...

Soirée avec Nina, nos interprètes et l'équipe de la télévision, à l'hôtel. Malgré son refus d'aller dans les cimetières, j'ai suggéré qu'on interroge Nina sur l'affaire Tchaïkovski devant la tombe de celui-ci. Il me semble que Nina est sur le point d'accepter mais elle se ravise. Non, décidément, pas de cimetière !

On fait le bilan des questions posées par le public à Nina. Et ceci m'a frappé que j'évoque ce soir : on ne parle jamais ici de ses romans, on n'en a que pour son autobiographie, son *Histoire de la baronne Boudberg* et son livre sur les maçons. Pour ceux qui l'accueillent, elle est une mémoire, elle n'est qu'une mémoire comblant un peu le vide immense dans la leur.

Nina raconte qu'elle a reçu ce matin la visite d'une "blonde aux grands yeux maquillés" qui s'est présentée comme la nièce de son deuxième mari. (Pourquoi, ici, Nina parle-t-elle de *maris* quand en France elle ne veut entendre que le mot *compagnons*?) La nièce prodigue comptait sur des retrouvailles émouvantes et, puisqu'elle est chanteuse, elle a proposé d'interpréter là, tout de suite, une romance pour Nina. Mais Nina l'a éconduite. Elle avait à faire ailleurs...

Soudain, à Sergueï Nina demande si, de retour à Moscou, elle pourra voir la dépouille de Lénine. "A quoi bon, a dit Sergueï. On le raccommode si souvent qu'il est maintenant tout en plastique. C'est devenu notre Batman..."

Nous avons reconduit Nina dans sa chambre. Elle nous retient encore un instant. Les relations qu'elle a faites ou renouées ici, dit-elle, lui ont toutes tenu le même langage : le risque d'un basculement à droite est considérable. "Et si cela arrivait, scande Nina syllabe par syllabe, ces gens-là auraient à peine quelques minutes pour détaler."

Elle nous raconte une visite à une poétesse impubliée, de deux ans son aînée, Ida A., femme terriblement éprouvée : deux maris morts l'un et l'autre au goulag, et elle-même dix ans de prison, sur dénonciation, pour avoir eu en sa possession un dessin d'un *ennemi du peuple*. "Et pendant ce temps-là, dit Nina, en France, en Espagne, en Italie, il s'est trouvé des gens pour faire confiance à ce régime." Chez Ida A., jadis, Nina rencontrait chaque semaine des membres de l'intelligentsia, l'été au balcon, l'hiver autour du poêle... Mais elle se rebiffe soudain contre l'autorité du souvenir et, presque scandalisée, dit : "Elle a deux dents en or, cette Ida, énormes, on ne voit qu'elles !" Je pense au *Journal d'un fou* de Gogol : "A propos, savez-vous que le dey d'Alger a une verrue juste sous le nez ?"

Sur le pas de la porte, au moment de nous quitter : "J'ai un jour demandé à Brodski pourquoi il était de si petite taille, dit-elle. Et il m'a répondu : Manque de lait ! Depuis notre arrivée, ajoute Nina, pas de lait. Tu vois quelle dégénérescence se prépare..."

Leningrad, le 14 septembre – Longue visite à Pouchkine (nom donné en 1937 à l'ancienne Tsarskoïe Selo). Six cents hectares de parcs, un palais tout en galeries, salons, chambres, ailes, dépendances, petites et grandes folies – tout cela, ici encore, reconstruit après destruction. Comme à Petrodvoretz une obsession de la reconstitution qui finit par suggérer que ce patrimoine historique présente aux yeux des Soviétiques plus d'importance que toutes les réalisations socialistes. On ne dénonce plus les extravagances impériales, on révère leur style. Les Soviétiques sont donc comme ça ? Capables de claquer le budget de la nation pour restaurer les fastes anciens, et la moitié de leur salaire pour offrir des fleurs... Quel panache !

Pendant que, dans le parc, nous écoutions un quatuor à cordes jouer de la musique baroque devant un bassin qui leur faisait un miroir, j'ai confié à Mme Vi mes élucubrations sur les rapports de Pierre le Grand avec l'eau. "Vous ne croyez pas si bien dire." Mme Vi m'a rappelé que c'est par l'eau encore que Pierre le Grand avait péri, n'ayant pas craint de se jeter dans l'eau glaciale d'un chantier naval pour se porter au secours d'un ouvrier qui venait d'y tomber.

Nouvelle soirée Berberova, cette fois à la Maison des écrivains. Nous étions près d'elle sur la scène, Christine, Inna et moi. Admirables et inquiétants visages dans cette salle où ne sont en principe que des écrivains.

Nina est belle, le regard vif, le sourire lointain, les jambes croisées – ce qui met en valeur l'élégante courbure du cou-de-pied. Les questions se succèdent comme à Moscou. Les réponses sont beaucoup plus rapides.

"Pourquoi avez-vous quitté l'URSS, Nina Nikolaïevna ?" Et elle : "Parce qu'on commençait à fusiller les poètes." "Gorki est-il à vos yeux un grand écrivain ?" Là elle prend son temps. Gorki... ils ont dit Gorki... "Eh bien, oui, Gorki est un grand écrivain..." Tout le monde devine que la réponse est incomplète, on retient sa respiration. Nina promène son regard sur la salle avant de conclure : "... du XIXᵉ siècle." Soupirs, murmures, rires. "Et Tchaïkovski ?" Elle fait mine de réfléchir, puis : "Je vois qu'il est temps de publier mon livre ici." Comme à Moscou la même question vient du fond de la salle : "Comment jugez-vous la collusion judéo-maçonnique ?" Elle hausse le ton : "Jamais, au grand jamais je n'ai accepté ce mensonge détestable !" Applaudissements soutenus. Une voix s'est élevée à la fin pour lui souhaiter le Prix Nobel.

Moscou, le 15 septembre – Inna nous a prévenus ce matin. Nous n'irons pas à Tbilissi, seulement à Batoumi. A cause des "événements de Géorgie".

Petit déjeuner à la Maison des écrivains de Moscou. Comptoir, tables rondes, café, sandwiches, éclairage tamisé, jazz des années cinquante, on se croirait à New York. Mais ici c'est bien la Maison des écrivains, pas un snack ordinaire. "Combien de membres ?" ai-je demandé à Inna. "Environ dix mille", dit-elle. Et moi : "Dix mille écrivains ? Tous publiés ? Tous payés ?" Elle opine. Moi : "Comment devient-on membre de l'Union ?" Inna m'explique qu'il faut avoir publié trois livres et que la candidature doit être appuyée par trois parrains. La manœuvre est d'autant plus difficile que publier sans être membre de l'Union, c'est de l'ordre de l'exploit. Nous voilà en plein cercle vicieux. Ils se protègent bien, les caciques. Mais tout de même, dix mille...

Batoumi, même jour – "C'est cauchemar !" disait Inna en revenant des guichets, ce midi, à l'aéroport national. "L'avion par lequel nous devions partir n'a pas encore quitté Batoumi. Il pourrait ne venir nous prendre que demain." J'ai maintenant compris qu'il faut en ce pays manifester mécontentement. Pauvre Inna, j'étais bien obligé de me servir d'elle : l'ai houspillée. Elle a disparu anxieuse et est revenue une demi-heure plus tard, un sourire aux lèvres : "On nous accepte sur le vol précédent. Départ dans quelques minutes."

Nous sommes montés dans le Tupolev avant les autres passagers. Et quand ceux-ci sont arrivés, notre présence a provoqué une belle pagaille, les titulaires de nos sièges en prenant d'autres qui étaient à leur tour revendiqués... Avec cette foule, ces enfants, ces paquetages, ces paniers – il ne manquait que poules et canards –, avec les tapis déchirés, les garnitures crasseuses, les sièges délabrés, l'avion ressemblait à un autocar de la cordillère des Andes. Les hôtesses ont fait une distribution de sacs à dégueulis puis ont disparu, et on ne les a plus revues.

Peu avant l'arrivée, disparition de la couverture nuageuse et apparition de la chaîne caucasienne avec des pics enneigés et des tambours couverts d'une fourrure verte. Puis la mer, tapis d'or déroulé jusqu'à l'infini. Après l'immensité moscovite, l'immensité russe...

Atterrissage sur un aérodrome de campagne. Sitôt les portes ouvertes, nous prenons une claque tiède. Vingt-cinq degrés. Des chiens, écumeurs de piste, que j'avais vus par le hublot, nous ont rejoints, nous reniflent. Une vachette brune vient mâcher près de nous des épis de maïs décortiqués qu'elle a trouvés dans une poubelle. La foule bruit, crie. On apporte les bagages dans un chariot grillagé qui est livré aux voyageurs comme les bas morceaux aux lions du zoo.

Président et vice-président de l'Union des écrivains, qui ne parlent pas un mot d'un langage dont nous connaîtrions des rudiments, nous emmènent et nous rassurent avec de grands rires quand leur voiture cogne dans les nids de poule de la route bordée de magnolias et d'eucalyptus. C'est l'Orient déjà.

Mais à l'hôtel *Intourist*, c'est cauchemar à nouveau. Pas de chambre pour Inna, la nôtre est misérable, la fenêtre s'ouvre sur un carrefour, la douche ne lâche qu'un filet froid et la chasse d'eau des chiottes ne fonctionne pas. Président et vice-président nous promettent une autre chambre pour le lendemain, trouvent un placard à balais pour Inna et de leurs mains de poètes réparent la chasse.

Batoumi, le 16 septembre – C'est bien beau de porter des toasts à la paix, à l'amitié entre les peuples, au souvenir de Dumas père, à celui du général de Gaulle, à la langue géorgienne, au barde Roustavely, à eux, nos hôtes, à nous, leurs invités, bien beau de siffler, verre après verre, du vin résiné qui n'étanche pas la soif excitée par les viandes trop épicées, bien beau de se regarder dans les yeux, de jouer aux poètes qui n'ont qu'une seule langue, de réciter aux autres des vers qu'ils ne comprennent pas mais font mine d'apprécier... Dans cet hôtel d'enfer – le meilleur de la ville (seigneur, que sont les autres ?) – où il n'y a ni savon, ni papier, ni eau chaude, ni eau potable, nous avons passé une nuit blanche, empêchés de dormir par la migraine et par le hurlement des klaxons, le crissement des pneus, le gémissement des freins, le craquement des boîtes de vitesses.

Ce matin, dans la salle à manger, pareille à un réfectoire de caserne, toutes les tables étaient occupées par des jeunes qu'on nous dit venus de diverses républiques. Christine ne voulait pas de l'œuf au plat qui était au menu. "Qu'à cela ne tienne, a dit la serveuse, vous êtes trois, je vous donne trois œufs." Non. Si. Inna suppliait : "N'insistez pas, on le laissera." Je plains de plus en plus Gorbatchev. La lourdeur de la bureaucratie est décuplée par la peur qu'elle engendre. Comme si chacun ici, à l'instar des Roumains, pensait que *le sabre ne coupe pas les têtes courbées*.

La pittoresque Batoumi qu'Inna nous avait promise et que j'imaginais *alla turca* nous consterne d'emblée par la combinaison d'un port pétrolier perdu dans des brumes grasses, d'une bourgade maintes fois rasée où la misère a eu raison du style et d'une plage de galets où le silence de la mer est écrasé par l'hystérie des haut-parleurs. La Colchide cache-t-elle la Toison d'or dans l'arrière-pays ?

L'un de nos hôtes de la veille, pédiatre et poète, ancien ministre de la Santé en Géorgie, nous y emmenait ce matin, dans cet arrière-pays, par des routes étroites, sinueuses, souvent effondrées, truffées de nids de poule. Sur ce parcours de rallye, notre automédon doublait, triplait même, se rabattant d'un coup de volant quand il était surpris par l'identique conduite d'un véhicule venant à sa rencontre, klaxonnant alors avec indignation, riant de notre frayeur et affirmant que s'il n'avait pas eu de passagers il aurait piloté de manière plus "sportive"...

Il avait à côté de lui un autre poète, autre privilégié de l'Union, aux dents de devant toutes caparaçonnées d'or. Il parlait de ses œuvres et de celles du pédiatre en termes de joutes et de compétition.

Dans les plantations de thé, à flanc de colline, des vaches broutaient avec langueur, d'autres erraient dans les fossés, mais les plus folles ruminaient au milieu de la route et donnaient à notre fou du volant de nouvelles et fréquentes occasions de montrer sa virtuosité dans la course d'obstacles.

Et nous voici, après deux heures de ce régime, à Kobenleti, dans la montagne, devant une villa d'où l'on domine plusieurs vallées couvertes de plantations de thé, de fruitiers, d'eucalyptus et de résineux dont les verts et les bleus se fondent parfois dans un gris subtil. J'ai fini par comprendre que nous étions invités là par un ministre député de la nouvelle Assemblée nationale, l'un des trois représentants à Moscou du Conseil de Géorgie, un sexagénaire aimable, style Kurt Jürgens, qui était accompagné par la secrétaire du Parti, encore un de ces beaux brins de fille que l'obésité ensevelit dans leur propre chair.

Le luxe procédait ici de la pauvreté mais la table qui nous attendait était surchargée de mets. Sitôt nos mains rincées à l'abreuvoir, les femmes nous ont servis mais ne se sont pas assises. Il y avait là au moins trente plats différents – de viandes, de poissons, d'œufs, de fromages, de fruits – mais il y eut plus de toasts encore, chaque fois soulignés d'une solide rasade de résiné, toasts à la paix, à la France, à la Géorgie, à la poésie, à chacune des personnes présentes, aux parents disparus, aux enfants qui nous épiaient par les portes ouvertes, à nous qui étions reçus, à eux qui nous recevaient... Récitée dans un langage recherché, très orné, cette litanie était conduite par le "maître de table", notre pédiatre casse-cou, qui nous avait expliqué qu'il ne serait plus à cette place s'il ne sacrifiait avec soin au rituel. "C'est cauchemar", murmurait Inna, seule traductrice dans cette assemblée.

A un moment, j'ai compris qu'il me fallait entrer dans le jeu et j'ai porté un toast à la perestroïka et à Nina Berberova dont le retour en URSS constituait un bel exemple. Une deuxième fois, un peu plus tard, j'ai invoqué la paix *(mir)* et dit les espoirs que nous placions dans les nouvelles dispositions de ce pays. *Spasibo, spasibo*, ont-ils fait, mais sans se livrer aux commentaires abondants qui avaient suivi chacun de *leurs* toasts. Il y a eu un toast ultime en l'honneur de la cuisinière et cette fois ils se sont tous levés, traçant sur leur poitrine un geste qui ressemblait à un signe de croix. Puis, la fille de la maison s'est mise au piano et a poussé la romance. La caille communiste qui était assise près de moi et se pourléchait en mangeant m'a glissé dans une oreille ce qu'Inna me traduisait dans l'autre : "C'était la chanson préférée de Staline."

Sur la route du retour, près du superbe *Hortus botanicus batumiensis* dont les essences rassemblées avec soin par le botaniste Krasnov, au début de ce siècle, sont hélas prises, faute de soins, dans un filet mortel tressé par des lianes, nous avons été invités à jeter un regard sur le coin où Boulgakov s'était retiré à la fin de sa vie, victime des caprices intolérables de Staline.

Puis, arrêt aux ruines d'une forteresse ancienne devant laquelle, dans les années trente, au plus fort de la vague anticulturelle, les cinglés du Parti avaient érigé un échafaudage de béton pour que, de la route, on ne vît pas le monument. Echappe-t-on jamais à des cercles si profonds de la bêtise ?

Ce soir, en l'absence d'Inna que les agapes géorgiennes ont délabrée, et après nous être vu refuser l'entrée du restaurant avec de la grossièreté dans les gestes, promenade à deux sur la digue. Du côté de la frontière turque, toute proche, un projecteur d'une puissance incroyable balayait inlassablement la mer et la plage.

Batoumi, le 17 septembre – Dimanche. Nouvelle nuit blanche. Et pas dans la manière de Saint-Pétersbourg. Non, un trafic incessant sous nos fenêtres, des portes claquées dans l'hôtel, une bamboula d'enfer dans les chambres voisines et le téléphone qui sonne quand je commençais à m'assoupir, une voix qui hurle des mots incompréhensibles, d'allure obscène. A l'aube, lassé par l'insomnie, suis allé sur le balcon. Sur la chaussée enfin déserte un cochon de belle taille, dans une robe rose et noire, promenait son groin sur l'asphalte et s'en allait solitaire au bout du monde.

Au petit déjeuner, j'agrafe Inna qui a eu l'idée d'organiser cet entracte balnéaire pour nous faire oublier la déception de Tbilissi l'interdite. Je lui explique que Moscou me paraît presque une patrie en comparaison de cette bourgade insupportable, et que je veux repartir sans délai. Stupeur et terreur la décomposent. "Impossible, c'est cauchemar !"

Elle explique que si l'on rentre plus tôt que prévu on n'aura point de chambre à Moscou ni d'ailleurs de places dans l'avion. Et pour tenter de me convaincre me raconte l'histoire d'un Américain qui, venu récemment en URSS, n'avait pas trouvé à son arrivée dans la capitale la personne qui devait l'attendre à l'aéroport. Il lui en avait coûté cent dollars pour gagner la ville en taxi et faire la tournée des hôtels. Chou blanc à tous les coups. Alors, dans le dernier hôtel où il était entré, essuyant un nouveau refus, il avait dit qu'il était disposé à acheter l'établissement sur-le-champ et à payer cash. "Tu vois, fait Inna, il a tout de même dû passer la nuit au poste de police. Et nous, avec notre nouvel esprit démocratique, nous avons publié cette histoire dans nos journaux. Mais ça n'a rien changé." Pour la première fois, Christine s'est énervée. "Vous êtes si convaincus de l'impossibilité de changer les choses qu'elles ne changeront jamais." Et moi qui n'étais pas disposé à passer une nuit de plus dans cet hôtel, j'ai perdu patience. "Ma petite Inna, arrange-toi..."

Le "sous-chef" de l'Union locale des écrivains, prénommé Frydon, est arrivé à ce moment-là. Avec des gestes désordonnés et un débit niagaresque, Inna lui a fait part de nos doléances. Il a disparu, est revenu une heure plus tard. Nous avions trois places dans l'avion du soir.

Alors Frydon, fier de son autorité et de son succès, nous a embarqués. Nous allions déjeuner dans sa datcha. A un rythme plus paisible que son collègue de la veille, il nous a conduits le long de la frontière turque où les massifs lointains – toujours ces verts et ces bleus indéfinis quand ils se superposent – font aux vallées successives des décors inoubliables.

Dans une maison de campagne, vraie maison d'oncle de province, construite à flanc de coteau, avec une terrasse d'où l'on domine la vallée et où l'on est dominé par les montagnes, terrasse entourée de treilles, figuiers, cerisiers ainsi disposés qu'il suffit de tendre le bras pour cueillir les fruits sans se lever le cul, nous nous sommes retrouvés au milieu d'une tribu sur laquelle règne Djemal, un grand-père au faciès turc, plus grand, plus large et sans doute plus costaud que tous les autres. A un moment du repas, ce grand-père et son fils ont comparé leurs poings qui sont gros, avec des bourrelets épais. Ceux de Djemal étaient aux pognes de son fils ce qu'un potiron est à un melon. Et pourtant le fils...

D'un coup, ce séjour géorgien qui, le matin, avait tourné à la déconfiture prenait du sens. Djemal m'invitait à revenir pour de grandes parties de pêche et sur la terrasse simulait le lancer du filet. Pendant ce temps, ses enfants me faisaient dire par Inna, dont les joues s'enflammaient, que la pêche, pour ce septuagénaire fringant, c'était d'abord la pêche aux femmes. Plus tard, comme je lui faisais compliment du vin de sa treille, le vieux brigand est descendu chercher tout un panier de bouteilles et nous avons, en buvant, remonté les âges que les couleurs, autant que le goût, différenciaient : ambre, or, rubis... Puis il a décroché du mur son hanap, une espèce de corne de bison, rehaussé d'argent, qu'il est impossible de poser et qu'il faut donc vider sitôt qu'il est plein. "Deux litres !" m'a dit le Géorgien. "Et il est capable d'en vider cinq avant de vaciller", m'ont dit ses fils.

Au moment du départ, ce Djemal a failli me briser les os dans son étreinte, puis il m'a mis dans les bras un bouquet de bouteilles. Sur la route du retour, Frydon, ivre, déjouait l'obstacle avec une élégance inconsciente.

Même jour, en vol vers Moscou – J'avais donné à Inna le numéro de *l'Express* avec le reportage sur le goulag. Elle le sort (dans cet avion qui est à celui de l'aller ce qu'une limousine est à une épave), son voisin regarde, lui demande de traduire, appelle d'autres passagers. Une conversation animée, multiple, s'engage que je prends bien garde d'interrompre. Le spectacle me suffit. La perestroïka, c'est tout de même ça... ces jeunes gens qui ne se connaissaient pas et parlent librement du goulag.

Moscou, le 18 septembre – J'avais eu raison pour l'avion mais Inna n'avait pas eu tort pour l'hôtel. A l'*Ukrainia*, pas question de nous donner une chambre. Alors elle nous a hébergés chez elle, dans la grande banlieue sud-est, la préférée des intellectuels. L'immeuble où elle habite – mais dont elle nous a priés, ce matin, de ne pas sortir avant qu'elle ne revienne nous chercher – et ceux qui l'entourent ressemblent à toutes les HLM françaises d'un peu de standing. Sauf qu'ici bouleaux, peupliers, frênes, sorbiers, chênes, lilas en arbustes les séparent, les dissimulent en partie. Inna a de la chance. A la mort de ses parents, elle a pu conserver cet appartement de trois chambres, plus cuisine et salle de bains, où elle vivait avec eux. L'abondance de livres fait oublier la laideur des meubles. Mais, après tout, ils ne sont pas plus abominables que ceux dont on fait commerce le long de nos routes départementales et démocratiques.

En attendant qu'Inna vienne nous prendre (nous respectons la nécessité de la discrétion – héberger des étrangers, ce n'est pas légal – et ne sortons pas malgré l'envie qui nous démange), je me suis installé à sa table de travail, devant la fenêtre et je m'interroge avec embarras sur les enseignements de notre voyage.

Quelle est cette proximité intime que nous sentons entre les Russes et nous malgré des différences qui nous irritent ? Que signifient par ailleurs les flagrantes similitudes entre eux et les Américains, si évidentes parfois, surtout du côté des jeunes ? Que se passera-t-il si Gorbatchev, et les autres qui l'entourent et dont nous savons peu, parviennent à mettre en place un système libéral ? Nos mœurs et leur frénésie consécutive à une si longue attente, quel cocktail imprévisible ! Et s'ils échouent ?

Autre chose... De quelles menaces ou de quelles espérances sont lourds les silences qu'opposent tant de Russes au tapage des nationalistes ? Et quelles inclinations au nouveau régime donnera leur tradition d'orgueil, de violence et de pessimisme ? Et dans ce pays dont nous avons à peine aperçu quelques sommets, telles les parties émergées de l'iceberg, qu'est-ce qui agit le plus fort sur les masses indéfinies, qu'est-ce qui présente pour elles le plus d'attrait, qu'est-ce qui aiguillonne le plus leurs désirs : l'émulation, nos idées, un désir de modernisation, le mirage de la consommation, l'ambition d'accéder par l'argent aux différences qui fondent l'identité ?

Que signifie l'inquiétante montée de la religiosité (elle-même farcie de nationalisme) qu'encourage l'Etat quand il dépense des fortunes pour restaurer le moindre temple ? Et d'ailleurs où conduit l'obsession de reconstituer un passé englouti, le désir de se réapproprier l'histoire et la sociologie ? Et quels cataclysmes quand seront ouvertes toutes les archives, découverts tous les meurtres, révélées toutes les déportations, quand s'étaleront au grand jour la preuve et la démonstration des crimes ? Et quel effet en retour s'exercera quand les démocraties populaires formant le glacis soviétique prendront de la graine gorbatchévienne ?

Et puis, leurs écrivains... Où sont-ils ? On connaît les anciens (il a tout de même fallu un demi-siècle pour reconnaître Berberova), on a repéré les dissidents, on découvre les occultés. Mais les autres, ceux qui sans doute écrivent ? Où sont-ils ? Qu'écrivent-ils ? Que signifie cette poésie sans cesse mise en avant et qui, traduite, paraît plus simpliste qu'arrogante ?

Et quand les échanges se seront amplifiés, quand les Russes délivrés de leur carcan seront en mesure de nous tenir tête et de nous demander des comptes, comment jugeront-ils nos complicités misérables, nos silences sans gloire, nos volte-face honteuses ? Et nous, dont les voyages et les investigations ressemblent aux prélèvements qu'avec leurs trépans font les géologues, des carottes extraites du tuf soviétique quelles leçons tirerons-nous ? Sommes-nous toujours décidés à chercher dans leur regard l'image de notre perfection ?

Mon "retour de l'URSS" est lourd de questions bien plus que de réponses, fussent-elles ébauchées... Je me souviens de Gide écrivant dans le sien : "Parfois le pire accompagne et double le meilleur ; on dirait presque qu'il en est la conséquence. Et l'on passe du plus lumineux au plus sombre avec une brusquerie déconcertante." On ne saurait mieux dire. A propos, Sergueï ne m'a-t-il pas annoncé l'autre jour qu'on préparait ici la publication du *Retour de l'URSS* ?

Retrouvé Nina au visage boursouflé par la fatigue. Pendant que nous étions en Géorgie on l'a traînée de rencontres en interviews sans la ménager. A ceux qui l'accompagnent j'adresse d'amers reproches. "Ne te fâche pas, dit Nina. Ecoute plutôt : samedi, dans le jardin de la Maison des écrivains, un charmant jeune homme m'a longuement interviewée pour la télévision française. C'est important, n'est-ce pas ?" J'ai compris (et l'équipe d'*Océaniques* me le confirme), le "charmant jeune homme", c'était Patrick Poivre d'Arvor. Il va sûrement diffuser l'interview sur TF1 avant *Apostrophes* et Bernard Pivot va se sentir doublé...

Au musée Gorki, Nina a été conduite sans délai par le comité d'accueil devant une table où on avait disposé des photos. "Qui sont ces gens ? lui a-t-on demandé. Les reconnaissez-vous ?" Elle en a identifié un bon nombre sans guère d'hésitation. On l'a couverte de fleurs et de compliments. Une déchirure dans la mémoire venait d'être raccommodée.

Nouvelle soirée, cette fois à la Maison des médecins. Le rituel reste le même. Sous la forme d'une flottille de petits papiers pliés, les questions convergent vers la table où Nina est installée. Les questions elles-mêmes ne varient guère, ni d'ailleurs les réponses qu'elle donne. Je note pourtant quelques réflexions nouvelles, du moins sous cette forme. Par exemple, que le tsar, par sa cruauté et son intolérance, a eu le sort qu'il méritait. Silence, la salle retient son souffle. Ou encore que l'intelligentsia russe, comme le phénix, toujours renaîtra de ses cendres. Applaudissements.

Que le secret de sa forme, de sa jeunesse et de sa mémoire, dont sans cesse on lui fait compliment, c'est tout bonnement d'avoir moins mangé, et même peu mangé à partir de soixante ans. Rires. Que la russophobie des juifs est un mensonge odieux. Nouveaux et longs applaudissements.

A la sortie, elle me dira : "Tu as entendu cette question... La menace qui pèse ici sur les juifs est de plus en plus intolérable, ils veulent tous s'en aller."

Moscou, le 19 septembre – Nina, ayant reçu en espèces quelques milliers de roubles pour la publication de certains de ses écrits dans des revues, avait demandé à V. quel usage elle pouvait faire de cet argent inconvertible. Et V. avait répondu, solennel et définitif : "Manteau de fourrure!" "Je ne le mettrais pas souvent en Amérique, avait répondu Nina, et puis, de quoi aurais-je l'air ?" "Alors, diamants !" avait dit l'autre. Mais Nina ne voulait pas plus de diamants que de fourrures. Elle a décidé que nous irions ce matin dans l'équivalent de notre Caisse d'Epargne pour ouvrir un compte dont j'aurais avec elle la signature. L'établissement s'ouvrait à dix heures, et à dix heures nous y étions. Mais là, un billet griffonné nous avertissait que l'ouverture était reportée à onze heures. A onze heures, il y avait la queue. Et la queue, nous l'avons faite quatre fois, parce que nous étions envoyés d'un guichet à l'autre pour des opérations successives. La dernière guichetière, l'œil sans cesse tourné vers l'horloge parce que midi approchait, nous a enjoint de lui présenter les roubles en liasses classées, accompagnées d'un bordereau. Nous nous sommes installés à une table sur laquelle Nina a déposé sa montagne de billets et je me suis mis à les compter, à les classer par ordre de grandeur sous le regard écarquillé des clients de la Caisse. J'aurais donné mille de ces roubles (et, j'en suis sûr, Nina avec moi) pour savoir quelle sorte de trafiquants nous étions à leurs yeux.

Nina conviée en dernière minute à une table ronde en compagnie de l'illustre Sakharov. Dès son arrivée, elle a été présentée aux participants et quand elle s'est trouvée devant l'académicien – visage rose, jeune en dépit de l'âge, cheveux rares et blancs, regard triste –, pas un mot n'a été prononcé, en tout cas pas un qui fût audible. En revanche, ils sont restés de longs instants, les yeux dans les yeux, les mains serrées. "Désormais, dit Nina en riant, je divise le monde en deux catégories : ceux qui ont serré la main de Sakharov, et les autres." Le débat portait sur les priorités : la culture d'abord, ou d'abord l'économie ? Ils étaient tous pour donner la priorité à la culture. Tous, sauf Sakharov et Nina qui ont fait valoir que sans une économie restructurée la culture n'avait aucune chance. "Ne te méprends pas, m'a dit Nina, il n'est pas pessimiste, il est *réservé*."

Nombre des personnes que nous avons rencontrées à Leningrad et à Moscou avaient lu *Kursiv Moï*, l'autobiographie de Nina. En samizdat. Nous savons maintenant que des exemplaires clandestins ont circulé, les uns polycopiés à partir de l'édition russe d'Allemagne, les autres dactylographiés. Il y a même eu des exemplaires recopiés à la main. Et ils sont passés de main en main, nuit et jour, sans relâche.

Dernière soirée Berberova, cette fois à l'université. Près de deux mille étudiants et professeurs sont venus l'écouter et lui ont fait ovation. Et elle, qui paraissait avoir atteint le fond de la fatigue, a retrouvé une énergie incompréhensible pour répondre aux sempiternelles questions de ces Russes amputés d'une partie de leur mémoire et invalides de leur histoire. A questions identiques, mêmes réponses. Peut-être Nina a-t-elle insisté davantage cette fois sur le fait qu'en 1922 elle n'a pas émigré mais "pris de la distance" en compagnie de Khodassevitch, avec l'idée de rentrer après quelques années qui auraient permis à ce pays de retrouver sa raison. "J'avais un passeport valable pour trois ans, a-t-elle dit. C'était le numéro quinze. J'aurais bien aimé savoir à qui étaient les passeports un, deux et trois."

Pour le reste, et comme chaque fois, il lui suffisait d'un nom porté sur un papier pour qu'elle s'enfonçât pendant un quart d'heure dans la galerie de ses souvenirs. A la fin, elle a pris prétexte d'une question pour parler de la France et dire : "Elle est pour moi ce qu'aurait dû être la Russie, le pays où par nécessité l'on revient."

Dans la voiture, me désignant Sergueï, assis à côté du chauffeur : "Tu peux imaginer, toi, que ce jeune professeur est né *après* Staline ?" Sergueï s'est retourné d'un bloc et d'une voix blanche a dit : "Je ne comprends pas, je n'ai jamais compris, je ne comprendrai jamais pourquoi, sous Staline, il n'y a pas eu plus de gens pour partir. Moi, je serais parti, même s'il avait fallu passer par le détroit de Behring. Et si ça recommençait aujourd'hui, nous, les jeunes, nous partirions, moi, je partirais..." Mais Nina, mon cher Sergueï, qu'avait-elle fait d'autre ?

Moscou, le 20 septembre – Tout ce monde-là retomberait dans la terreur et l'isolationnisme stalinien ? me demandais-je cette nuit. Impossible ! Pourtant, la Chine..., me répondait une voix. La Chine et la Russie ne se ressemblent pas, sinon par des signes – d'architecture, de propagande – que les uns ont imposés aux autres du temps de la lune de miel. Mais ce ras-le-bol du commun, cette pression des nostalgiques, cet obscurantisme des religieux, cette formidable et silencieuse opposition par l'inertie chez les petits chefs ? reprenait la voix. Ils n'arriveront plus à inverser un courant qui est déjà irréversible. L'homme est un animal aussi philosophique

que social, il ne peut pas vivre sans penser, tôt ou tard, son mode de vie... Las de cette dialectique, je me suis endormi pour la dernière nuit dans ce pays où les questions à tout instant vous viennent à l'esprit comme les lis du désert après une crue centennale.

Ce matin, nous avons profité une dernière fois de cet été indien, qu'on nomme ici, paraît-il, "l'été des femmes" pour aller flâner du côté de la *Krasnaïa Plochet* et du Kremlin. Revoir, sans la première hâte de tout voir. A contre-jour, dans une lumière superbe, observé la sinueuse et intarissable rivière de dévots, de curieux et d'obligés qui traversent le mausolée pour s'incliner devant le double en plastique de Lénine. Puis tourné autour de Saint-Basile. On prétend qu'Ivan le Terrible fit crever les yeux des artisans qui se disaient capables de refaire ailleurs ce qu'ils venaient d'accomplir ici. *Se non è vero, è bene trovato.* Un peu plus loin, à l'entrée du Goum, ce sont deux putains nonchalantes et d'une classe inouïe qui, de leur regard laser, vous crèvent les yeux. *Se non è puta...*

Compris en ce dernier jour pourquoi l'emblème communiste (que mille prix d'art graphique auraient pu récompenser si tant d'horreurs sous cet emblème...) était disposé comme on le connaît : faucille et marteau sont à la main du premier *droitier* venu. Gauchers exclus. Toujours eu un faible pour ce que Max-Pol Fouchet appelait "les évidences secrètes".

Même jour, en vol vers Paris – Dans l'avion d'Air France, hôtesses et passagers ont reconnu Nina et viennent la féliciter. Et telle est déjà la différence : où la Russie voit une mémoire exceptionnelle, la France salue une performance, celle d'une vieille dame encore si jeune, qu'on verra bientôt pour la seconde fois chez Pivot.

Nina m'avait promis des commentaires ("Je te parlerai le 20, dans l'avion") mais elle est lasse. Elle dodeline sur l'appuie-tête, me sourit et dit : "Le pays d'où nous venons n'est plus le mien. Comme Tourgueniev, je suis heureuse de rentrer en France."

Au Paradou, le 23 septembre – Le soir même de notre retour, on voyait à la télévision, dans *Ex-Libris*, l'interview de Nina réalisée à Moscou par Patrick Poivre d'Arvor. L'amertume se manifestait dès le lendemain du côté d'*Apostrophes*. D'autant que dans l'interview en question le réalisateur avait intercalé une séquence prise par les journalistes de TF1 à notre arrivée, le premier jour, où l'on me voit en gros plan, de telle sorte que je paraissais complice de l'opération.

Quant aux hirondelles, dans le mistral qui les agite et rebrousse leurs plumes, elles se comptent sur les fils avant le grand départ.

Arles, le 26 septembre – Relu sur épreuves le *Borodine* de Nina. Le texte, qui date de 1937, est écrit dans le même style, avec la même verve, la même concision que l'inoubliable *Accompagnatrice*. En cent pages alertes, on traverse la vie d'un éminent chimiste qui jamais ne crut tout à fait à son génie de musicien et d'un musicien qui n'imaginait pas que ses travaux de chimiste pussent avoir quelque retentissement. Et l'on revient avec un tel foisonnement d'images et d'impressions que Borodine habite désormais en héros notre mémoire et notre imagination.

Décidé que, pour la première fois, sur la couverture seul apparaîtrait le patronyme de Nina. Elle sera désormais BERBEROVA comme André Gide est GIDE et Georges Simenon SIMENON.

En fin de journée, Françoise m'apprend que, dans la courbe croissante des ventes, *Le Mal noir* vient de battre son record quotidien : pour cette seule journée, trois mille cinq cents exemplaires !

Arles, le 27 septembre – Mais aujourd'hui, du *Mal noir* cinq mille exemplaires sont partis. A ce train nous risquons la rupture de stock.

Bruxelles, le 28 septembre – Réunion aux Communautés européennes avec les consultants du groupe "livre". Obligation de revenir chaque fois sur la question du prix unique afin de déjouer la manœuvre de ce haut fonctionnaire qui tente de nous démobiliser et dont le crâne se cyanose dans la contrariété. Pierre Mertens renonce à la présidence. On me propose sa succession. Mais j'incline plutôt pour la vice-présidence car le poste de Pierre me paraît revenir de droit au plus actif d'entre nous, Fernando Guedes, le Portugais. Décision en délibéré jusqu'à la prochaine réunion.

Paris, même jour – Longue conversation nocturne avec Bernard Pivot qui m'interroge sur les points forts de notre voyage afin de préparer les questions qu'il posera demain à Nina.

Chez Alexandra, Nina ne tient plus en place. Je me dis que la fatigue russe l'a ruinée, que son nouveau passage à *Apostrophes* l'angoisse (jusqu'où peut-elle aller, se demande-t-elle, dans le jugement qu'elle porte sur l'état de l'URSS pour ne faire le jeu de personne ?). Et puis je suis venu lui annoncer qu'à Princeton, Rostropovitch (à l'initiative de Colombe Pringle) viendrait la voir et que leur entretien serait reproduit dans *Vogue*, ce qui lui a donné quelque émotion.

Mais elle me prend à part. "Tu te souviens, dit-elle, je l'ai raconté dans mon autobiographie : quand j'ai quitté la France pour l'Amérique, j'ai pleuré comme un veau entre Paris et Le Havre. Je ne croyais pas que cela pourrait encore m'arriver. Mais je me suis trompée. Le lendemain de notre retour de Moscou, au moment d'entrer dans la cuisine d'Alexandra pour préparer le petit déjeuner, je n'ai eu que le temps de m'agripper au chambranle de la porte et les larmes se sont mises à couler, à tomber. Une averse." Elle me regarde et je sais qu'elle ne me pardonnerait pas le moindre signe de commisération. Elle dit : "C'était à cause de tous ces pauvres gens." Et après un autre silence : "Mais ces larmes, ce n'était que de l'eau, ce n'était pas du sentiment."

Paris, le 29 septembre – Dans les loges d'Antenne 2, c'est Mouloudji que nous avons rencontré d'abord. Nina lui a souri et Moulou s'est empressé de lui dire qu'il avait adoré *le Mal noir*. Et puis il a demandé à Nina si elle aimait sa cravate. "C'est la première fois que j'en porte, a-t-il dit, et les pompes..." Il agitait les pieds. Nina s'est tournée vers moi : "Il a l'air aussi gentil que dans son livre."

Cette fois, c'était la fête à Bedos, mais c'est tout de même Nina qui a eu la vedette parce que Pivot a fait projeter, au moment où il en venait à elle, quelques séquences tournées à Moscou, et en particulier une où l'on voit Nina traverser seule la place Rouge en monologuant. On l'entend dire : "*Le siècle que j'ai aimé et que j'aime encore*, mon siècle... on est nés ensemble, en 1901..." (Cette fois, c'est moi qui souligne.)

Paris, le 30 septembre – Le jour des adieux est venu. Au moment de la séparation, Nina me prend les mains, me dit : "Notre rencontre, c'est très important dans ma vie." Elle m'embrasse, elle ajoute : "Et dans la tienne."

A suivre...

TABLE

OUVRAGE RÉALISÉ
PAR LES ATELIERS GRAPHIQUES ACTES SUD
PHOTOCOMPOSITION : SOCIÉTÉ I.L.,
A AVIGNON
REPRODUIT ET ACHEVÉ D'IMPRIMER
EN SEPTEMBRE 1990
PAR L'IMPRIMERIE FLOCH
A MAYENNE,
SUR PAPIER DES
PAPETERIES DE JEAND'HEURS.
POUR LE COMPTE DES ÉDITIONS
ACTES SUD
LE MÉJAN
13200 ARLES

DÉPÔT LÉGAL
1re ÉDITION : JUILLET 1990
No impr. : 29802
(Imprimé en France)